说得就是好听

蔡万刚◎编著

中国纺织出版社

内 容 提 要

现代社会，人们越来越重视语言表达能力，因为我们不管和谁沟通都需要借助于语言，语言不但是我们表达自身的方式，也是我们与他人沟通的桥梁。只有掌握语言的艺术，我们才能把话说到他人心里去，让他人听完之后觉得妥帖入耳，也非常开心。

本书通过帮助读者朋友建立自信、构建话题库和提升说话技巧等方面，教会读者练就一开口就让人欣赏的口才，让每个人都可以随心所欲地说话，也能一开口就赢得他人的尊重、认可和欣赏。

图书在版编目（CIP）数据

说得就是好听／蔡万刚编著.--北京：中国纺织出版社，2018.3 （2022.6重印）
ISBN 978-7-5180-4708-6

Ⅰ.①说… Ⅱ.①蔡… Ⅲ.①口才学—通俗读物 Ⅳ.①H019-49

中国版本图书馆CIP数据核字（2018）第023853号

责任编辑：闫　星　　特约编辑：李　杨　　责任印制：储志伟

中国纺织出版社出版发行
地址：北京市朝阳区百子湾东里A407号楼　邮政编码：100124
销售电话：010—67004422　传真：010—87155801
http：//www.c-textilep.com
E-mail：faxing@c-textilep.com
中国纺织出版社天猫旗舰店
官方微博http://weibo.com/2119887771
三河市延风印装有限公司印刷　各地新华书店经销
2018年3月第1版　2022年6月第3次印刷
开本：710×1000　1/16　印张：15
字数：193千字　定价：48.00元

前言

就像一个人的手非常灵巧，总能引得他人羡慕一样，当今社会，灵活自如地驾驭语言，也成为现代人不可或缺的本领之一。我们和每个人交往都需要借助于语言的桥梁进行交流，可以说娴熟地运用语言不但是一种技巧，更是一种能力，能够帮助我们与他人建立良好的关系。尤其是在人际关系被提升到更高地位的职场上，具有高超语言表达能力的人，能够使自己在职场上如鱼得水，事业有成。

纵观古今中外，大多数能够成就伟大事业的人，无一不在语言方面具有特殊的天赋。他们之所以能一呼百应，应者云集，正是借助于语言的天赋，才成功打动追随者的心。例如战国时期的张仪和苏秦，全都是凭借三寸不烂之舌，游说各国，成就精彩辉煌的人生。再如三国时期的诸葛亮，在东吴与群儒舌战，最终帮助刘备联合孙权，在赤壁之战大败曹操。日本的松下幸之助，口吐莲花，在世界商业史上为自己赢取了至高无上的地位，也创造了商业史上绝无仅有的传奇故事……朋友们，虽然我们未必能够创造出如同他们一般的伟大成就，但是对于普通人来说，在日常生活中，练就一副好口才也是非常必要的。我们只要坚持不懈地努力提升自己，最大限度发挥语言的力量，就能帮助我们赢得更大的成功。

众所周知，人与人交往时第一印象往往起到非常重要的作用。其实第一印象不仅指是人们的形象，也指人与人刚开始交流时的语言表达。现代社

会，有各种各样的聊天工具，我们不管是通过聊天工具与人交流，还是面对面地与他人交流，都要进行语言表达。因而，说好第一句话，对于我们给他人留下良好的第一印象起到关键性的作用。可以说，只有说好第一句话，才能让我们与他人接下来的交流更加和谐顺畅，才能为我们后期与他人建立良好的人际关系奠定基础。

不过，现实生活中还是有很多人意识不到语言表达的重要性。我们一定要增强意识，才能更加注重对自身语言表达能力的提升和完善。假如我们能一开口就赢得他人的欣赏，那么我们的生活和事业将获得非常大的进步！朋友们，从现在开始，就让我们全方位地提升自己的语言能力吧，只要我们把话说到他人心里去，说得他人心花怒放，一定会有意外的惊喜和收获！

编著者

2017年6月

目录

第01章 说好关键的第一句话，留下美好的第一印象 ······001

第一句话对沟通至关重要 ······002

树立文明新风，争当谦谦君子 ······004

与其让人泄气，不如给人鼓励 ······007

对于毫无意义的争辩，沉默是最有利的还击 ······009

说话也要留三分，才能给人台阶下 ······011

语言具有亲和力，轻松打开他人心扉 ······013

设身处地真诚表达，才能感动他人 ······015

第02章 建立话题库，让完美沟通从一个好话题开始 ······019

好的话题，让交谈事半功倍 ······020

热门话题，助力你瞬间与人谈得火热 ······022

平淡话题看似平淡，其实人人关心 ······024

学会拉家常，闲聊也是好话题 ······026

日常的生活常识也蕴含着好话题 ······028

对于炙手可热的时尚话题，也要有所涉猎 ······030

读书不但开阔眼界，也能积累谈话素材……032

第03章　说话不自信的人，永远也无法被人欣赏……035

充满自信的语言，让你魅力尽显……036
拥有专业领域内的话语权，你才能成为“专家”……038
身体语言也能彰显你的自信……040
唯有对自己深信不疑，才能博得他人信任……042
把“坏事”说好，才是真本领……044
鼓舞他人，也就是鼓励自己……047

第04章　幽默打动人心，难于出口的话笑着说出来……051

幽默，是人生中最高明的智慧……052
幽默的人能够恰到好处地展现风度……054
让笑声伴随你我，走遍世界的每一个角落……057
自我贬损，也许能够使人“爆笑”……059
巧用比喻，幽默更具有才华……061
修养深厚，才能妙手偶得幽默……063
幽默配合情境，效果瞬间爆发……066

第05章　说一千道一万，不如说些好话受人喜欢……069

没有人拒绝赞美，赞美是人际交往的润滑剂……070
赞美的话一定要得体，才能事半功倍……072
恰到好处地“戴高帽”，效果出人意料……074

职场人士，一定要学会赞美领导……076

第06章 “说什么”很重要，但“怎样说”更重要……079

抱怨，只会使事情越来越糟糕……080
真诚地说话，是人际交往的第一要义……082
说服必须攻心，心服口服才是真服……085
顺其自然地生活，发乎内心地表达……087
言谈间的真诚，让你得到他人信赖……089
像层层剥开洋葱一样，以温言细语打动人心……091

第07章 营造强大气场，征服那些质疑自己的人……095

了解他人，才能成功吸引他人……096
语气的强势，的确有助于营造强势气场……098
坚定不移地表达自己，才能打动他人……101
坚守原则的人，更能得到他人信任……103
说得多，才能提高对的概率……105
让别人相信“你说的，就是对的”……108

第08章 做主动打破僵局的人，用妙语摆脱尴尬……111

反驳他人，一定要找准时机和话题……112
委婉含蓄，也可以表达不满……114
学会说软话，才能突破交谈的困境……116
量体裁衣，顺势而为，有效解决问题……118

借助于第三者的口说出自己的心声 …… 120

人生难得糊涂，很多尴尬都是自找的 …… 122

说多错多，必须及时弥补才能避免恶果 …… 124

第09章　斗智不斗勇，耐心说服让他人心服口服 …… 127

把强硬的话说软，也许效果显著 …… 128

让别人不知不觉顺着你的思路 …… 130

说服他人要动之以情，晓之以理 …… 133

使人绝望，也许恰恰是给人希望 …… 135

有的放矢，说服才能效果显著 …… 137

说服过程中，学会说“假如我是你” …… 140

激将法的精髓就在于正话反说 …… 142

第10章　做特别的自己，用别人想不到的方式说话 …… 145

特立独行，才能给他人留下深刻印象 …… 146

拉来具有说服力的“对象”，说服效果倍增 …… 148

总是语不惊人死不休 …… 150

言简意赅，效果反而比啰唆更好 …… 151

说话也是有节奏的，你知道吗 …… 154

结尾处画龙点睛，让说服效果更好 …… 155

惹人厌恶的牢骚，总是导致事与愿违 …… 157

第11章 不要炫耀你的聪明，因为那时你正开始变得愚蠢……161

有勇气承认自己的无知，也是强者……162

知道自己不足的人，才是真正的“足”……164

把自己放低，才能与他人靠近……166

谦虚的口才，总是备受瞩目和欢迎……169

越是优秀的人，越懂得低调的含义……171

批评不要声嘶力竭，也许点到为止才最好……174

第12章 说话的高手，都懂得方圆处世的语言艺术……177

谈笑风生间，尽现人格魅力……178

真诚的话语，才能让人耳目一新……180

设身处地为对方着想，把话说到点子上……183

话语灵活，处世通达，才是真正的聪明人……185

忠言未必逆耳，实话也要学会巧说……188

宽容的语言，为人留下退路……189

看菜吃饭，量体裁衣，说话也要因人而异……191

第13章 面对棘手问题，把它看作展示自己的挑战……195

面对语言的逆境，巧妙公关才能化解困局……196

面对话题陷阱，聪明人自有应对……198

对于责难，与其辩解，不如让事实说话……200

老王卖瓜自卖自夸，也要会夸……202

步步为营，让听者主动改变执念……205

拒绝他人，也要让他人保持愉悦……206

坦然回首曾经的困厄，这一刻最动人……209

第14章　职场打拼必修课，打造让人欣赏的职场口才……213

游刃职场，不得不具备好口才……214

面试有挑战，巧妙应对得遂所愿……216

如何巧言向上司展示自己的才能……219

汇报工作很重要，必须掌握语言技巧……221

升职加薪人人所望，巧妙说出才能成功……224

巧妙指出上司错误，让上司主动改正不恼怒……226

参考文献……229

第01章

说好关键的第一句话，留下美好的第一印象

§

每个人都是社会的一份子，每个人在与他人交往的过程中，都难免要与他人进行沟通。众所周知，给他人留下良好的第一印象是很重要的，尤其是在面对初次见面的陌生人时。因此，要想与他人之间展开愉快的交流，说好第一句话是至关重要的。只有拥有好的开端，我们与他人的交流才能更加和谐融洽，才能事半功倍。

§

第一句话对沟通至关重要

每个人从呱呱坠地开始，除了与父母是亲密无间的血缘关系之外，与很多人之间都要经历从陌生到熟悉的过程。尤其是当婴儿渐渐长大，接触的人不再仅仅局限于自己的亲人之后，他们难以避免地要走上社会。诸如幼儿进入幼儿园，就是迈向社会的第一步。他们不得不学会与老师以及自己同龄的孩子交流，因为他们的语言表达能力还很弱，所以要逐渐提升表达能力，如此才能拥有好人缘，得到更多小朋友的青睐和喜爱。随着年岁渐渐增长，他们渐渐长大，直到成为社会上独立的人，再到走出校园，走入社会，成为社会上真正独立的一员。至此，他们摆脱父母的庇护，真正独自面对他人，面对人生中所有的悲欢喜乐，更要独自应对自己多重的社会角色。然而，要想顺利步入社会，要想赢得他人的认可和尊重，良好的沟通必不可少。当我们很好地处理了人际关系，我们就能够与他人成为朋友；如果我们无法处理好与他人之间的关系，就会导致彼此隔阂，甚至使原本可以很好的关系变得僵硬生涩，导致事与愿违。由此可见，第一句话对于人们彼此之间的沟通至关重要，我们唯有说好第一句话，才能与他人之间顺利展开关系。

很多朋友都有这样的感触，越是陌生人之间，越是因为彼此间的隔阂导致无话可说，甚至出现冷场的情况；与此恰恰相反，熟悉的人相处时，时间总是过得飞快，因为他们有无数的话题可以尽情畅谈，也能够做到彼此心有灵犀，相互理解和体谅。这就是语言的魅力，它能使得人们度过每一分每一

秒都是煎熬，也能使得人们感受不到时间的流逝。其实，和陌生人交谈是有技巧的，我们首先应该找到对方感兴趣的话题，从而设身处地地与对方展开交谈，这样一来不但话题能够激起对方的兴致，还能使交谈双方产生共鸣，令谈话更加愉悦顺畅，和谐融洽。也许有人会说，我根本不知道陌生人的兴趣在哪里，也无法水到渠成地与其搭讪，又该怎么办呢？其实，只要我们学会察言观色，根据对方的表现或者言谈举止进行深入观察，总是能够发现蛛丝马迹的。只要能够顺利搭讪，接下来再在语言交流中加深了解，自然能够如愿以偿。

作为公司里的金牌销售，蒂娜几乎和每个客户的关系都非常要好，从她手里成交的客户，最终都会与她成为好朋友。这到底是为什么呢？原来，蒂娜非常善于寻找和客户的共同点，也总是能够在最短的时间内与客户产生共鸣。

这一天，她在一个大型广场进行拓客活动，当她支好展位后，很快就有人围拢上来询问。有个阿姨一直在旁边观察，看起来似乎想了解关于保险的相关业务，蒂娜搭讪道："阿姨，您是退休的老师吗？"阿姨显然出乎意料，高兴地反问："你怎么知道的？"蒂娜说："老师的气质与众不同，您气质这么好，而且满脸慈祥仁爱又具有威严感，我想您一定是老师。"实际上，蒂娜是通过观察这位阿姨拎着的某大学几十周年的纪念包包，才猜测这位阿姨是老师的。但是当她的第一句话说出口，就引起了这位阿姨的好感，也使得她们之后的交流进行得非常顺利。这位阿姨笑着说："我不是老师，不过我的老伴是大学教授，我是一名报社的编辑。"蒂娜赶紧笑着说："难怪呢，您家可是真正的书香世家，难怪您的气质这么好。我最羡慕知识分子了，特别有涵养，而且知识渊博。您可真好，一看起来就与别人完全不同。"就这样，蒂娜和阿姨你一言我一语地聊了很久，虽然蒂娜绝口不提保险的事情，但是阿姨最后告别的时候说："姑娘，你给我一个你的联系方式

吧，再给我几分保险的资料。我想给我孙女买保险，这不正好想了解了解嘛！”蒂娜顺势拿出几分资料给阿姨，并且作了言简意赅地介绍，就与阿姨告别了。没过几天，阿姨就约蒂娜带着保险的相关文件见面，因为她已经想好要从蒂娜这里购买保险产品。

从蒂娜的推销经历我们不难看出，虽然大多数人都认为陌生人的心扉一定是紧紧关闭的，但是实际上，打开陌生人的心扉并不像我们想象中的那么难。现实生活中，很多人都讨厌保险推销员，因为他们总是死缠烂打，不给人任何选择的余地和空间。实际上，蒂娜这样恰到好处地与陌生的顾客搭讪，也绝不纠缠对方，尽量说好第一句话，让接下来的所有工作都水到渠成地展开的方式，是销售人员十分应该学习的。

其实，人们从陌生到熟悉，只要说好了第一句话，就迈出了决定性的一步。任何情况下，我们只有更好地与他人交流，才能把我们自己推销给他人，才能更加深入地了解他人，从而帮助我们赢得更好的人际关系。朋友们，当你们对着陌生人说出恰到好处的第一句话后，你们也就拉近了与他人的距离，这将帮助你们在人际交往上取得决定性的胜利。

树立文明新风，争当谦谦君子

现代社会是文明的社会，从几十年前社会上提倡树立文明新风开始，整个社会的风气的确有了很大的改善。然而，迄今为止，依然有很多人在人际交往中不注意自己的言行举止，总是口说脏话，给他人造成心灵上的伤害。与他们所认为的语言与心灵的美好没有太大关系恰恰相反，语言真正体现了一个人的心灵美。面对一个满口脏话的人，我们很难想象他的内心深处是非常美好的，也因此，他不但不是绅士或淑女，也不是一个合格的现代社会的

文明人。

与人交流时，一定不要忘记讲礼貌。虽然礼貌的话看起来很像流于形式，但这种形式上的礼貌能够产生至关重要的实质性效果。人们常说，伸手不打笑脸人，同样的道理，对于一个特别讲礼貌的人，人们也无法做到怒目以对。诸如生活中我们每天都要遇到很多人，我们与其中的大多数陌生人擦肩而过，却需要与其中的极少数人打交道。在刚刚见面的时候，如果不知道如何展开交谈，一句简单的“您好”，瞬间就能拉近彼此之间的距离。当然，我们面对的对象往往是不同的，对于老者，我们可以加上适当的称呼，诸如大爷、大妈、叔叔、阿姨等表示尊重称谓的词语，也可以问“老人家您好”。这样，不但表达了对对方的问候，也表达了对对方的尊重，对方当然会对你心生好感。对于平辈人，则可以以先生或者女士称呼；此外，如果知道对方的职位，还可以以对方的职位称呼。例如在面对老师时，可以说“老师您好”，即便你作为家长去见老师，相信当你说出这么礼貌的话语时，老师也一定会高兴的。此外，根据每天的不同时段，也可以采取具体的问候，诸如早上好，中午好，晚上好等，这样的礼貌用语不但更加贴切，也更得体。逢年过节时，我们还可以根据节庆日的名称问候他人，例如新年到来时，我们就算遇到陌生人，也可以说新年好，这完全无可挑剔。总而言之，恰到好处的礼貌用语，不但能够帮助我们与他人拉近关系，也能彰显出我们自身的良好教养和素质，使我们更受他人的欢迎，可谓一举数得。

作为公司里的新进职员，林丹进入公司不久，就给那些老同事留下了很好的印象。原来，林丹特别善于说礼貌用语，刚开时老同事们都告诉他不用这么客气，但是渐渐地，在林丹的坚持下，大家越来越习惯这样的文明语言。甚至在林丹到来几个月之后，整个办公室的风气都变得非常好，同事之间原本经常发生的小摩擦和小矛盾，也急速减少了。

这天中午，林丹因为工作上的疏忽，导致同事小王做了很多无用功。原

本，这样的情况也并不罕见，包括小王自己也曾经因为错误给其他同事惹麻烦，因此小王虽然生气，却也没有表现出来。不想，林丹却再三表示歉意，他郑重其事地说：“王，实在对不起，都是因为我的疏忽，才给你惹出这么多的麻烦。您放心，我下班之后一定加班，把麻烦事都处理完，再交给你。真的很抱歉，我连累你了。”在林丹这番歉意之下，小王心中压抑着的怒火渐渐消失，他对林丹的再三道歉甚至感到不好意思，因而真心诚意地说：“没关系，我也曾经犯过这样的错误，尤其是你刚来公司不久，出错也是难免的，下次就会好的。”林丹依然连声道歉，并且主动承担了因为他导致的多余工作，后来小王非但没有拒绝过与林丹的合作，还真诚地夸赞林丹，并且很乐于与林丹合作呢！

因为林丹能够做到真心诚意地道歉，所以原本心生不悦的小王反而觉得自己不够宽容大度。毕竟，人非圣贤，孰能无过呢！任何时候，人都是会犯错误的，只不过因为每个人的能力侧重点与工作经验不同，所以每个人在工作上的表现也良莠不齐。在这种情况下，虽然我们有权利犯错，但是当我们的错误给他人带来无尽的麻烦时，真诚的道歉和积极的弥补是绝不可少的。唯有如此，我们才能赢得他人的尊重和信赖，才能保证自己日后的工作顺利展开。

在发达国家，人人往往更注重文明礼仪。诸如日本人很喜欢说“谢谢”，美国人很喜欢说“请”，英国人很善于说“对不起”，这些礼貌用语使得发达国家人与人之间的关系特别和谐，毕竟没有人会对一个文质彬彬的人爆粗口，或者动用武力。人与人之间交流的方式多种多样，但是不可否认的是，文明礼貌的沟通是建立良好人际关系的基础，也是维系人们之间亲密关系必不可少的素质和涵养之一。

与其让人泄气，不如给人鼓励

每个人都想与他人交流的时候和谐融洽，从而使得人际关系更好，然而，偏偏事与愿违，很多人在与他人交流时总是几句话就得罪人，导致人们对其怒目相对。这到底是为什么呢？其实，这与人们的说话习惯有关系。有些人说话的时候喜欢传递正能量，例如总是认可和鼓励他人，而有些人说话的时候总是传递负能量，导致他人在听了之后心情沮丧，郁郁寡欢，长此以往，他人难免会因为忍无可忍，以恶言恶语反驳，由此一来，还谈何良好的人际关系呢！

尤其是在被他人征求意见的时候，千万不要开门见山地对他人泼冷水，要知道，当他人征求你的意见时，更希望能从你这里得到鼓励和支持，而并非想要被彻底否定。在这种情况下，哪怕你是真正发自内心地否定他人，也应该采取委婉的方式表达自己的观点和想法，而不要对人迎头痛击。要知道，人都是有逆反心理的，也许你的压制反而会让对方更加义无反顾，勇往直前呢！

既然我们不经意的几句话就会影响他人做事的“心态”，那么我们必须记住，千万不要以泄气的话使人心情低落，而应该尽量鼓励他人，帮助他人扬起信心的风帆，在人生路上获得更大的发展空间。尤其是关系密切的人之间，诸如很多父母总是对孩子寄予极高的期望，不管孩子多么努力做出成就，他们总是提出不满的意见。长此以往，原本优秀的孩子就会陷入自卑之中，甚至自暴自弃。在这种情况下，孩子如何能够做出成就来呢！正如人们常说的，好孩子都是夸出来的，我们与其批评孩子，不如学会经常表扬孩子，相信当你的赞扬达到一定程度时，孩子一定会成为你心目中期望的模样。这个道理，对于孩子和成人都同样适用。因此，我们在与人相处的过程

中一定要谨言慎行，千万不要为了一时痛快，就朝着别人的心里捅刀子。

很久以前，有个举人进京赶考。他早早地来到京城，投宿在旅店里。他每天都很紧张，努力地用功读书，要知道，这已经是他第三次进京赶考了。前两次，他都落榜了，因而这也是他最后一次进京赶考，因为他的家里很穷，假如这次赶考依然失败，他根本没有机会再来赶考。一天夜里，举人做了一个奇怪的梦。在梦里，他先是梦见自己在墙头上中了很多萝卜，又梦见自己下雨天不但戴着斗笠，还打着伞。再后来，他梦见自己和最喜欢的表妹背倚靠着背，居然躺在地上睡着了。

举人做完这个梦，心中惴惴不安，因此赶紧去街上找了个算命先生，让其帮忙解梦。算命先生听完举人的话，说："墙头上种萝卜，肯定没有收成啊！下雨天带着斗笠，还要打着伞，说明你再次来参加赶考就是多此一举。你与你表妹背靠背躺在地上，当然是无望啦！我劝你啊还是回去吧，不要再参加考试了，就算考了也是多此一举，毫无成果。"听了算命先生的话，举人非常沮丧地回到旅店，收拾好东西之后就去向店主告辞。店主问清楚缘由，不由得哈哈大笑："客官，你怎么能听算命先生的话呢！墙头上种菜，就是高中啊！下雨天打伞，还带着斗笠，当然是万无一失。你还梦见与表妹背靠背，这就是说你该翻身了呀！这么好的兆头，你当然要参加考试，一定能够金榜题名。"听了店主的话，绝望的举人心中再次燃起希望之火，他努力复习，不遗余力地考试，最后居然中了探花。

假如举人听了算命先生的话回到家乡，那么他这一生将会彻底失去金榜题名的机会。幸好店主及时阻止了准备回家的他，并且以积极的语言鼓励他，帮助他建立自信，这样他才能抱着必胜的信念中了探花。由此可见，对于同一个梦境，不同的人会给出不同的解释，同时也会导致完全不同的心态。对于人生中的很对事情，每个人的解读不同，由此决定了各自命运的不同。因此，我们一定要充满正能量，积极面对人生，这样才能使人生奋发向

上。在与他人交流的过程中，尤其是需要给他人建议的时候，我们必须三思而后行，也许我们简简单单的几句话就会改变他人的命运，因而要说鼓舞人、支持人、使人奋进的话。

朋友们，现实生活中我们一定要改掉不假思索的坏毛病，尤其是说话时，如果不假思索，就可能会口不择言。众所周知，说出去的话就像泼出去的水，假如我们把话说完了，等到严重影响他人之后再感到后悔，只怕为时晚矣。因而我们必须在说话之前进行慎重的思考，特别是对于关系到他人的事情，更应该管好自己的嘴巴，只说该说的、有用的话。否则，如果因为我们无心的话导致他人陷入懊悔之中，我们也一定会追悔莫及，甚至麻烦缠身。

对于毫无意义的争辩，沉默是最有利的还击

现实生活中，人们常说“话不投机半句多”，每个人的成长经历、人生背景、各种观念都完全不同，要想做到与任何人都心有灵犀的确很难。大多数情况下，人们在一起进行交流的时候，难免会因为彼此间的意见和观点的不一致，导致彼此产生纷争。如果不是事关重大的问题，其实这样的争辩是完全没有意义的，因为我们根本没有权利要求别人必须变得和我们一样。同样的道理，别人也没有权利强求我们。在这种情况下，我们尽可以各抒己见，但是不要互相强求。偶尔遇到一个较真的人非得要求我们接受他的观点，最好的方法也不是一直争执下去。因为双方都固执己见，争执只会让事情变得糟糕，与其争执，不如沉默，保持自己的观点，这才是最有利的反击。若你认定自己是正确的，也许时间能够证明一切。这岂不是比为了无意义的争辩而伤害与他人之间的友谊更好吗？这是聪明人的选择。

现代社会竞争越来越激烈，尤其是在职场上，同事之间更是经常处于不是东风压倒西风，就是西风压倒东风的情势中。在这种情况下，除非非得争出个子丑寅卯来，否则不要对对方进行强烈的反击。任何时候，事实都是最好的说明。也有些职场人士因为能力突出、风头太盛，常会遭遇其他同事的暗算。这时，如果她不顾一切地与对方辩驳，失去自身的风度和涵养，则会无形中降低自己的身份地位，导致自己与对方沦为一处。此时此刻，沉默是最有利的还击，当时间帮助真相浮出水面，一切都会大白于天下，而且曾经受到委屈的人也会得到更大的回报。

作为一名公务员，张坤的能力很强，不管做什么事情都出类拔萃，不过他显然深谙职场之道，虽然风头稳健，但是从不故意炫耀。日常工作中，他总是默默无闻，做好领导安排的工作，即便得到领导器重，也从不咋咋呼呼。偶尔同事们在一起交流的时候，他也不会无所顾忌地表达自己的意见和观点，而是在一旁用心倾听。

然而，张坤的低调并没有换来平稳的发展，有段时间，张坤即将得到提拔，成为办公室主任，不想却半路杀出个程咬金，同事黎明私底下向领导告黑状，说张坤曾经借助职务之便以权谋私。原来，黎明仗着自己比张坤早几年开始工作，根本不服气张坤当这个办公室主任，而且他早就对这个职位垂涎已久了。听到黎明告状，尽管领导很信任张坤，此时也未免有些犹豫，因而决定自己先监管这个职位，然后再多多考察张坤。对此，张坤虽然知道是黎明私底下捣鬼，但是没有进行任何反驳。他一如既往地默默工作，尽职尽责，兢兢业业，至于黎明的诬陷，领导很快就查明了真相，还张坤清白之后，领导不由得更加信任张坤，不但给张坤升职，而且在以后的工作中也特别信任张坤，将其视为自己的左膀右臂和重点培养对象。

职场上的水很深，人心也非常难测，在这种情况下，我们要想在职场上明哲保身并不容易。因为即便我们没有害人之心，也无法阻止别人产生害我

们的心思。所以，作为职场人士，我们一定要时刻保持理智和冷静，千万不要乱了阵脚。就像事例中的张坤一样，假如他在遭到黎明诬陷的时候，不停地和黎明辩驳，再去找领导辩解，那么反而从侧面说明他心里有鬼，导致领导对他产生不好的印象。幸好张坤很理智，他没有做出过激的举动，而是以清者自清的姿态给领导时间考验他，同时查明真相。正因为如此，他才能得到领导加倍的信任，从而使自己的职业生涯得到更好的发展。

朋友们，当你在生活中听到不好听的话时，与其忙着反驳，不如淡定从容地做好自己。否则，我们就会被激怒，这恰恰中了对方的圈套。任何时候，时间都能证明一切，而且你的沉默会让对方的攻击就像是打在棉花上，变得绵软无力。这种无为的方式，恰恰是反击对方的最好方式。

说话也要留三分，才能给人台阶下

人不是神仙，每个人在一生之中都难免会犯各种各样的错误，尤其是关于说话，当情绪激动的时候，人总是会失去理智，在愤怒的驱使下口不择言。殊不知，话虽然说完就完了，但是其在他人心中留下的伤痕会一直存在，因而我们一定要谨慎对待说出口的话，千万不要等到话已经说完了，再感到万分后悔，这时候说出去的话已经和泼出去的水一样再也收不回来了。此外，对于他人的错误，我们前面已经说过，人非圣贤，孰能无过，既然我们认识到自己也是会犯错误的，当然也应该理所当然地接受和谅解他人的错误。面对他人犯下的严重错误，我们首先应该做到的就是设身处地为他人着想，以对待自己的宽容态度对待他人，千万不要开口就是一番尖酸刻薄的话，使得他人连台阶都没得下。一个真正的聪明人，说话做事都会留下三分，这样才能让人有回旋的余地，也才不至于彻底伤害他人的面子和自尊。

众所周知，每个人都是很爱面子的。因而在与他人交往时，我们一定要注意保护他人的面子，所谓己所不欲，勿施于人，我们当然也不能因为一时痛快，就伤害他人的面子，导致失去一个朋友，增加一个厌恶我们的人。所以聪明人说话的时候，不管多么暴怒，都会给他人留下台阶。尤其是在面对面的交流中，剥夺他人的面子，显然是最让人无法接受的。具体来说，在正常的人际交往中，我们与人交谈时应该避免揭短。生活中总有人喜欢哪壶不开提哪壶，无形中得罪了人却不知道。当我们想要给他人指出错误时，可以采取委婉的方式，例如暗示，或者醉翁之意不在酒，或者敲山震虎，这都是很好的方式。这样一来，我们既能够收到警示别人的效果，也能够很好地达到自己的目的，还保住了朋友的颜面，可谓一举数得。

作为一家具有民族风格的饭店，怡景轩饭店在云南本地非常有名。很多来自外地的游客都要去怡景轩饭店用餐，品尝正宗的云南菜；还有一些本地人宴请外地的亲朋好友时，也会优先选择怡景轩。这样一来，怡景轩名声大噪。其实，人们之所以选择怡景轩，不仅因为它的菜品味道正宗，也因为它里面的餐具非常考究。作为中国的知名景点，怡景轩也常常需要接待外宾，因而它使用的餐具都是著名的景泰蓝。

有一次，一位外国的客人用完餐之后，把精美的景泰蓝汤匙放到了自己的衣服口袋里，这时候，看到这一幕的服务员小姐并没有当场戳穿他的行为，而是拿出一副包装精美的全新的景泰蓝餐具，对外宾说：“您好，先生，我发现您非常喜欢我国的景泰蓝餐具。我们餐厅针对外宾朋友以特别优惠的价格推出了景泰蓝餐具套餐，因为这种餐具必须严格消毒才能使用。所以，我特意为您争取到这套餐具，然后把优惠价格记在您的账上，您看可以吗？”见服务员小姐这番不卑不亢的话丝毫没有让他丢面子，外国人赶紧拿出口袋里的景泰蓝汤勺，说：“你们的米酒真好喝，把我都喝醉了，不知道怎么就把汤勺和钱包一起放到口袋里了。”说完，外国人不好意思地笑笑，

就拿着成套的纪念餐具走向服务台结账了。

在这个事例中，假如服务员小姐戳穿外国人的不雅举动，也许会引起一场纠纷。然而，如此昂贵的景泰蓝瓷器，也不能任由就餐的客人随意拿走。因而，服务员小姐灵机一动，不卑不亢地道破了外国友人的心思，并且以优惠的价格半送半卖给了外国友人成套的景泰蓝餐具，终于让事情得到了圆满的解决。

很多事情的解决未必都要义正词严，当我们能够妥善爱护他人的面子，给他人台阶下时，原本棘手的问题也许马上就能圆满处理，从而也使得人际关系更加和谐、美好。朋友们，要想做到这一切，就要求我们有着灵活的心思，随机应变，根据事情的发展变化及时做出最佳的处理。汉语博大精深，言有尽而意无穷，我们通过采取很多委婉的方式处理问题，能够在社交场合如鱼得水，得到更多的快乐，减少不必要的纷争和烦恼。

语言具有亲和力，轻松打开他人心扉

语言是我们内心的表达，因此与我们内心的感情息息相关。在进行语言表达的时候，我们常常一句话说得别人哈哈大笑，也常常因为一句话使人恼火。如果我们内心渴望与他人建立良好的关系，我们就要在语言中加入更多的感情，这样才能使自己发自内心的话语给予他人亲近感，从而成功打开他人的心扉。

从内心深处来讲，每个人都需要与他人亲近，就像婴儿喜欢亲近父母一样，我们也很希望亲近其他人。毕竟，和谐融洽的人际关系给人们带来很多美好的感受，也给生活带来使人眷恋的体验，因此人与人从本质上来说是希望彼此依靠着相互取暖的。在漫长的人生路上，正因为有亲人、朋友等的陪

伴，我们才能更加从容不迫，从不觉得寂寞孤单。

毋庸置疑，一个具有亲和力的人不管走到哪里，都会受到人们的欢迎，而语言恰恰是表现亲和力的最佳方式和渠道之一。虽然每个人都很关注自己的内心，也希望自己内心深处的真、善、美得到他人的认可，然而我们不是他人肚子里的蛔虫，更多的时候我们只能通过观察一个人的言行举止，来加深对这个人的了解和理解。正如古人所说的，人人都有七情六欲，每个人都会感受到喜怒哀乐惧的复杂人生。当人们高兴的时候，会笑；当人们悲伤的时候，会哭；当人们感到害怕的时候，会情不自禁地胆战心惊……这一切的感情，出了独自承受之外，我们也迫不及待地想要与人分享。因此说，亲和力不但帮助我们结识更多的朋友，也帮助我们更好地宣泄自身的感情。当然，要想具有亲和力，并非一味地对他人言听计从，我们要把亲和力和胆小怯懦区分开来，一个具有亲和力的人，未必没有主见，甚至还会很独立自主呢！因为只有内心强大的人，才能怀着更加宽容友好的态度对待他人。

作为一名人到中年的家庭妇女，小倩为了帮助老公分担经济上的压力，不得不再次走出家门，走向社会，想要寻找一份合适的工作。看到楼下有一家二手房销售门店，小倩觉得工作地点离家近，虽然工作时间很长，但是相对自由，可以灵活安排，因而她鼓起勇气去面试。在门店经理那里填完表格后，小倩被安排去找区域总监面试。得知区域总监也是和自己一样的中年女性，小倩不由得觉得很自卑。毕竟，自己是个家庭妇女，对方却是事业有成的职业女性。然而，当小倩惴惴不安地等着总监来面试时，她突然想到：总监也没什么大不了的，连那些大明星到了结婚生子的年纪都要按部就班地来，更何况是总监呢！她总是女人，她总是妈妈，也总是妻子！

就这样，小倩看到总监之后，落落大方地与总监握手，很快她们就开始交流。面对着坦然淡定的小倩，总监甚至不由自主地开始和小倩说起家长里短，这一切都不知不觉地进行着，总监完全忘记问小倩更多关于工作方

面的问题。很快，她们居然谈了半个多小时，就像两个孩子的妈妈一样非常亲切，交谈毫无障碍。总监猛地想起自己还有个会议，因而急急忙忙地结束面试走了。小倩的面试非常顺利，总监甚至当即表态："你具有超强的亲和力，一定能够做好销售工作。而且你的生活经历也很丰富，这是那些刚刚大学毕业的年轻人绝对比不了的。"就这样，小倩顺利找到了一份家门口的工作，而且果然如同总监所说的，她工作上进展非常顺利，刚刚进入公司半个月就卖出去一套房子。

在这个事例中，虽然小倩年纪大了，也缺乏工作经验，但是她有丰富的生活经历，而且有着极强的亲和力。正是这一切，决定了小倩不但能够搞定总监，让总监和她聊天聊得都忘记了开会，也一定能够顺利搞定客户，赢得客户的尊重和信任。这样一位"大姐大"，职业生涯自然也会非常顺利。

人与人之间要想顺利展开交流，最重要的就是要有亲和力。一个具有亲和力的人，总是发自内心地与他人亲近，也像是具有特殊的魔力一样，能够吸引他人围绕在自己的身边。尤其是当他的语言也表达出内心的亲和时，就会让人们彼此之间的交流变得更加融洽，进展顺利，可想而知，其人际关系的建立，也会水到渠成。

设身处地真诚表达，才能感动他人

在这个世界上，每个人都是独一无二的个体，每个人都有自己的人生，也面临着属于自己的各种幸福快乐和烦恼。因而，在人际交往中，我们面对他人的烦恼想要安慰时，总是觉得说话说不到点子上。其实，这种现象是完全正常的，因为我们既不是他人，也无法体会到他人的感受。有的时候，我们还会因为有站着说话不腰疼的嫌疑，遭人嫉恨。在这种情况下，我们只有

学会设身处地地为他人着想，理解他人的苦衷，才能做到把话说到他人心里去，也才能以更大的真诚感动他人。

正如有人曾经说过的那样，这个世界上没有永远的敌人，只有永远的利益。的确，在敌人面前，因为利益的相关，我们很可能与对方联合起来一起追逐利益。对于人际关系而言，每个人所处的立场和利益的关键点也都是不一样的。当我们只知道站在自己的立场上对他人指手画脚时，我们说出来的话不是无关痛痒，就是惹恼对方，使其对我们所说的一切产生逆反心理。在这种情况下，别说是感动他人了，也许还会惹毛他人呢！

尤其是在办公室里，除了周末，同事们几乎每天都要见面，还会说一些关于工作的重要问题。众所周知，同事之间除了合作关系之外，也面临着竞争关系。那么，如何处理好这种不远不近而且牵涉到微妙的利益关系的同事关系呢？要想和同事搞好关系，我们必须多多聆听同事的表达。毕竟，我们无从看到同事的内心，只有从他们的表达中，才能更加深刻地感悟到他们的想法和理念。这样一来，即便是反对，我们说出去的话也更能够打动他们的心。由此可见，设身处地地表达至关重要。当我们学会了设身处地地为他人着想，并且设身处地地为他人表达时，我们与他人之间就架起了沟通的桥梁。

作为同一个小组的成员，玛丽和瑞比两人的业务能力都很突出，因而在进行项目讨论时，他们总是针锋相对，谁都想推出自己的创意。可以说，他们俩简直是组里的两个冤家，让组长既高兴又忧愁。不过，玛丽总说他们的争辩是友谊赛，瑞比也对此不置可否。

这段时间，组里又接了一个新项目，玛丽一心想要负责这个项目，不过瑞比对此也虎视眈眈。对此，玛丽决定和瑞比好好谈一谈：“瑞比，我很想得到这个项目，你要知道我是女人，我的职业生涯很短暂，所以我想尽量做到最好。”瑞比对于这个理由显然不以为然，他也斩钉截铁地说：“工作面

前人人平等，既然你想要当一个女强人，总不能以私情哀求我吧？”玛丽沉思片刻，说：“的确，我应该和你展开公平的竞争。不过，我想告诉你，你的妻子回到家里有多么疲惫，我就比她疲惫十倍，这就是作为女人的苦楚。我每天晚上还要做饭、辅导孩子作业，我想要尽快晋升，哪怕遭遇天花板，我只要继续维持下去就好。毕竟孩子越来越大，需要我陪伴的时间也越来越长了，有无数的问题等着我去面对，我想先把工作做好，得到好的发展，这样未来也能更多地照顾家庭。”玛丽的话使瑞比突然想起了每天精疲力竭回到家中的妻子，他不由得感同身受，说：“好吧，玛丽，我愿意帮助你成为一个优秀的母亲。不过，下次我绝不会退让了。”就这样，因为瑞比的退出，玛丽承接了这个大项目，为自己的晋升博得了更大的资本。

职场上的竞争是非常激烈的，不管你是男人还是女人，也不管你是年迈还是年轻，只要同处于职场上，每个人都要面对和适应这样的竞争。玛丽之所以能够说服瑞比放弃这次和她竞争，是因为她灵机一动提起了瑞比的妻子，使得瑞比意识到一个女人一边照顾家庭一边打拼职场，是多么地辛苦和劳累。也因此，他才能作出承诺，把这个千载难逢的好机会让给玛丽。这就是设身处地地说话的魔力。

朋友们，每个人的表达技巧并非生而具备的，大多数情况下，我们都是从不会说话，到渐渐学会说话，再到把话说得非常娴熟，圆滑，起到意想不到的效果。这需要在漫长的时间里慢慢摸索。当我们了解他人，当我们能够设身处地站在对方立场上思考问题，表达观点时，我们对于人际交往的成功就迈出了一大步。

第02章

建立话题库，让完美沟通从一个好话题开始

§

沟通是人与人之间交往的重要方式之一，要想彼此交流想法、意见和观点，包括表达感情和爱意，都离不开沟通。完美的沟通，对于我们生活和工作的方方面面都起到至关重要的作用。生活中，有很多人因为沟通不到位，导致彼此之间产生误解，甚至酿成恶果。这样的结果显然是每个人都不想看到的。因而，我们很有必要建立话题库，这样才能与更多的人进行良好的沟通，也使得自己的人脉资源更加丰富。

§

好的话题，让交谈事半功倍

在面对陌生人时，很多人都感到非常难堪，因为面对自己一无所知的陌生人，他们根本不知道从何处开口才能与对方顺利展开交流。实际上，好的话题是交谈成功的一半，这句话确实很有道理。一个让人不愉快的开始，是很难有圆满的结果的。

其实我们只要细心观察就会发现，生活中那些人缘很好的人，往往都是很善于交谈的。他们总是能够准确把握别人感兴趣的谈话方向，因而做到有的放矢地把话说到他人心里去。即便是面对第一次见面的陌生人，他们也能够像对待熟悉的老朋友一样，与他们友好地交流。不得不说，这样的人在人际交往方面有独特的天赋。不过，没有这种能力的朋友也完全无须担心，因为这种“自来熟”的能力是完全可以培养的。举个最简单的例子，假如我们能够在与他人交往之前找到适宜的话题，那么交谈一定会进展顺利。此外，假如我们心里提前就预备好了针对各种人的话题，那么交谈也能信手拈来。当然，要想做到这一切，都离不开细心。一个人面对生活的时候，唯有心细如发，多多观察和积累，才能得到更多的收获。

作为刚刚大学毕业的销售员，杜鹃的销售业绩在进入公司不到三个月的时间里，就有了突飞猛进的提升。这到底是为什么呢？原来，虽然杜鹃年纪不大，工作经验也很少，但是她尤其擅长与人交流，而且总是能够在最短的时间内找到最合适的话题。这不，前段时间杜鹃去拜访一位陌生的客户，推

销本公司生产的产品。之前，她接连好几次被这个客户拒之门外，后来好不容易得到机会与客户见面，因而刚刚走入办公室，她就心明眼亮地进行了迅速地观察。

墙壁上挂着一幅关于沙漠的照片，玻璃柜里还展览着一个看起来很吓人的骆驼头。见此情形，杜鹃在和客户消除隔阂感，开始交谈时，说："王先生，您去过撒哈拉大沙漠吗？"王先生非常惊讶地问："怎么，你也去过？"杜鹃笑着说："那可是我梦想的地方啊，不过我还没有机会去呢，得先挣够旅费。"王先生说："其实也花不了多少钱。我是去年去的，沙漠的确非常壮观，当真正站在大沙漠里时，身心都会受到震撼。"杜鹃又说："难怪您的气质与众不同，很大气，一看就是有大格局的人，这是因为您的心里有天高地远啊！在从三毛笔下了解撒哈拉之后，我也非常关注撒哈拉，做梦都想去。您这个骆驼的头，是深入沙漠腹地才找到的吧！""当然。当时天气恶劣，很多人劝说我不要执意去沙漠腹地，但是我想，既然来到了撒哈拉，不进入沙漠腹地怎么可能呢，那也太遗憾了！就像一个人到了北京，没去爬长城一样！""的确，的确，不过沙漠腹地很危险，您真是勇敢！""嗨，我们当时一行六个人……"就这样，王先生对着杜鹃侃侃而谈，根本忘记了杜鹃是个"讨厌"的推销员，而把杜鹃当成了一个普通的朋友。在这次对于沙漠的深入交谈之后，王先生再也不排斥和反感杜鹃了，因此杜鹃每次见面都会问他很多关于沙漠的问题，这恰恰打开了王先生的话匣子。

在这个事例中，如果杜鹃急功近利，则一定会招致王先生的反感。幸好，杜鹃非常聪明，她从没有死缠烂打地缠着王先生说些和推销工作有关的事情，而是在火眼金睛地发掘出王先生的兴趣爱好后，以沙漠作为突破口，成功打开了王先生的心扉。这也是生意场上的很多人，在请客户喝酒聊天的时候，绝口不提生意上的事情的原因。其实，对于两个相对陌生的人而言，

只要把话聊透了，还有什么是不可解决的难题呢！情分到了，很多事情都会水到渠成。

很多人在现实生活中都害怕与陌生人交流，也不愿意与那些相对熟悉的人交流，就是因为缺少话题。只要我们找到对的话题，找到彼此畅谈的感觉，交流就会变得水到渠成。记住，好的开始才有完美的结局，才能让我们在与他人顺畅的沟通中，得到更多的宝贵信息。

热门话题，助力你瞬间与人谈得火热

不可否认，与陌生人交流的确是件难度很大的事情，因为我们根本不了解对方的兴趣爱好，也不知道对方的脾气秉性，很有可能一句话说不好，就导致对方怒火中烧，由此对我们形成恶劣的印象。假如对方是关键人物，甚至还有可能因此使我们错失良机。不得不说，选好话题至关重要。其实，要想避免这些糟糕的情况发生，有一个非常好的办法，那就是不要说涉及到他人隐私的事情。或许有朋友会问，不说他，不说我，还有什么好说的呢？然而，现代社会信息传递的速度如此之快，不说他，不说你，也有很多可以说的话题吧！

以前，中国人见面喜欢问“吃了吗？”这几乎成了老百姓的口头禅，主要是因为在艰难的岁月里，人们最关心的事情就是填饱肚皮。现代社会，见面再问“吃了吗”，显然不合时宜。归根结底，我们的生活中已经不再只是温饱问题。物质极大丰富，经济全速发展，每个人的生活水平都越来越高，除了吃喝拉撒，人们有了更多的休闲娱乐，也有了更为远大的追求。尤其是当下，借助于网络，信息的传递速度非常快，只要有网络的地方，几乎足不出户就可以知道全世界发生的事，这简直是一个疯狂而又神奇的时代。那

么，你还发愁找不到话题与人交流吗？

前段时间，韩国电视剧《来自星星的你》热播，很多人都坚持每天晚上追剧，次日去到工作单位中，依然意犹未尽地和同事交流剧情。其实，这样的交谈不仅可以在熟悉的人中进行，如果你和朋友站在大街上讨论剧情，也许甚至会有人主动加入讨论呢！从一部电视剧，到国际国内发生的各种大事，再到柴米油盐酱醋茶，甚至是葱姜蒜的价格，都可以作为与人交流的话题。这些热点新闻，使你与他人瞬间各抒己见，畅谈甚欢，同时也避免了你与他人交谈时不小心踩到“地雷”，导致交谈不欢而散。可以说，当你们双方都对某个热门话题感兴趣时，那个热门话题就是最恰到好处的话题。

作为一名保险推销员，在为马航失联的那些人祈祷时，鹏宇着实卖出去很多保险。对于那些此前一直维护着但是始终很难成交的客户，鹏宇借助于马航失联的热点新闻，给他们全都好好地上了一课。

这天，鹏宇去拜访一位有钱的客户。这位客户一直都不太相信保险，也因而对鹏宇不冷不热的。看到鹏宇又来了，那位客户耷拉着脸，显得毫不热情。鹏宇对此不以为然，坐在客户对面的椅子上，感慨地说：“张总，人生真是无常啊！这几天，你听说马航失联的消息了吗？”听到这个炙手可热的新闻，张总马上接口道：“是啊，意外真是不期而至，那么多活生生的人命啊，就这样消失了。”鹏宇又说：“是呢！失去亲人的人整夜整夜地不睡觉，等待着新的消息，然而一切都太晚了。听说，还有个客户是个中年人，上有老，下有小呢，这可让家里人怎么活下去啊！”张总表示认可，点点头，说：“的确，人到中年肩负着重要的使命，却突然撒手人寰，这是家人最难以面对的。”鹏宇接着说：“不过，还有一点值得欣慰，这个人曾经因为自觉出差频繁，怕有意外发生因而给自己上了保险。如今虽然他生死不明，但是如果尘埃落定，他的家人就能得到一大笔的赔偿金。虽然金钱不能代替人，也无法弥补活着的亲人们心中的痛苦，但是金钱至少可以保障他的

妻儿父母衣食无忧，也算是对他在天之灵的告慰。”

就这样，鹏宇和张总针对马航失联的事情，讨论到保险对于人生的保障作用，顺理成章地向张总推销他所代理的保险，也使得张总切实意识到“平时注入一滴水，难时拥有太平洋”的真谛。

在这个实例中，鹏宇从马航失联事件开始，与张总展开交谈。尤其是当鹏宇说到一个人到中年的人突然失联之后给家庭带来的灭顶之灾时，更是让同样人到中年的张总更多地为家人考虑。毕竟，天灾人祸根本没有预兆，谁也不可能预知死亡的到来。张总由人及己，联想到如果发生这样的事情，家人必然遭遇无法生存的困境，最终为家人考虑，主动购买了保险作为家人的保障。

当然，就热点话题与他人沟通时，一定不要太突兀，最好从自己对热点话题的看法和观点出发，还要注意表达的想法不能偏激。当看到对方与我们一样非常关心热点话题时，为了避免言多必失，我们首先应该更多地引导对方表达自己的态度和观点，这样才能做到多多聆听，多多观察，从而使接下来的交谈更加有的放矢。当然，对于众人皆知的热点话题，还要注意保持端正的态度，否则就会因为态度问题遭到他人的唾弃。例如，事例中的鹏宇在劝说张总购买保险时，如果不是那么悲痛，也不是那么思虑周全，而是说“要是那些人都买了保险，家人就能发大财啦”，这样一定会立刻被张总赶走，也就无法顺理成章地说服张总了。

平淡话题看似平淡，其实人人关心

与尽人皆知的热门话题截然相反，平淡的话题听起来寡淡无味；然而，这类话题也能引起人们的共鸣，使人产生沟通的欲望。例如生活中的柴、

米、油、盐、酱、醋、茶，养育孩子过程中点点滴滴的悲欢喜乐，这些都是与人搭讪和交流的好话题。归根结底，每个人不管是身处高位，还是地位卑微，最终都要回归实实在在的吃喝拉撒的生活，可以说，每个人都无法摆脱平淡，再伟大的人最终也要归于平淡。

当然，需要注意的是，谈论任何话题都是需要区分时间、场合和对象的。例如，在一个高端商务酒会上，说些鸡毛蒜皮的小事显然不合时宜。再如，面对一个拎着菜的大妈或者是带着孩子的妈妈，说那些国家大事又显得牵强附会。由此可见，只有当家长里短的话题找对对象时，才能起到事半功倍的效果。

作为一家幼儿教育机构的老师，徐雪得到了所有家长的喜爱，每个家长都说徐雪非常关心孩子，也深深懂得家长的心理。原来，徐雪自己也是一个年轻的妈妈，因而对于幼儿教育这个方面有着深刻的感触和体会。其他老师在面对家长时都说着那些高大上的理论知识，徐雪的问题却简单而又朴实，例如她会询问家长孩子在家里的表现怎么样，能否做到独立吃饭，独立穿衣服，独立大小便。对于有些家长对孩子表现出来的焦虑，徐雪更是以自身的经验帮助他们化解焦虑，让他们意识到那些眼下看起来难以克服的困难其实都是孩子成长过程中家长必须面对的。这样一来，家长不再焦虑，孩子们的成长也更加幸福快乐。很多家长也都真诚地称呼徐雪为老师，因为他们觉得徐雪不但是孩子的老师，更是他们的老师。

幼教老师自然免不了要和孩子们以及家长打交道。其实对于很多年轻的新手爸妈而言，因为是第一次抚养孩子，所以自身也面临着很多问题，在前进的道路上困难重重。在这种情况下，如果以高大上的教育理论给家长们洗脑，只会让他们变得更加困惑。徐雪深深明白这其中的道理，因此在与家长交流的时候总是朴实无华，说的话也都是家长们能够轻松听懂的。

生活中，有太多的话题可以与他人搭讪和沟通，越是平淡的话题，越是

能够勾起那些普通人的谈兴。诸如，在遇到老人的时候，我们可以与其谈论子女的成就，要知道，他们总是以子女的成就作为自己的骄傲。在遇到年轻妈妈的时候，交谈则变得更加容易，因为新手妈妈在养育孩子过程中的困惑和点滴的心得体会，使她们迫不及待地想要分享，这也是在孩子密集玩耍的地方，妈妈们总是谈得不亦乐乎的原因。面对孩子，我们还可以说说关于玩游戏的事情。此时，千万不要提起学习，因为他们也许正为学习烦恼呢，所以压根不想和你们说学习成绩等事情。在这种情况下，说说他们喜爱玩的游戏，甚至与他们分享玩游戏的心得，将会起到事半功倍的效果。当然，如果你面对的是摩登女郎，关于时尚的话题一定会让她们两眼放光，甚至滔滔不绝。总而言之，平淡的话题一旦遇到对的人和正确的时机，就能够发挥巨大的作用，帮助人们赢得最好的交谈契机。

退一万步说，当你实在想不起与对方聊些什么时，不如问问对方是哪里人。每个人都有自己的家乡，假如你与对方恰巧是老乡，或者你与对方的家乡挨得很近，那么你们也会瞬间产生他乡遇故知的久违感，接下来再说说家乡的人和事情，自然能够水到渠成，让交流其乐融融。

学会拉家常，闲聊也是好话题

每个人每天都要说话，不管是在生活中还是在工作中，好话题都显得至关重要。当我们费尽心思寻找好话题时，会发现每个话题都有自身的特色，并无所谓最好，只要是合适的话题，哪怕是拉家常，闲聊，最终也能够使交谈顺利展开。

每一个话题都有自身独特的特色，诸如国家大事说起来很高端大气，似乎我们也成为国家的主人一般富有责任感和使命感；再如，家长里短虽然琐

碎，但是很接地气，唯有当我们学会拉家常，才能从闲聊中顺其自然地挖掘出好话题。也因为拉家常的时候人们往往怀着漫不经心的放松态度，所以谈话也不会显得那么剑拔弩张。其实，细心的人会发现，说起严肃的话题时，人们总是一本正经；唯有在放松地闲聊时，人们才会无所谓地哈哈大笑，或者表现出自身的宽容大度。因而，千万不要小看闲聊，当我们用心闲聊时，好话题也就应运而生。当然，具体谈论什么话题，还是要根据交谈的对象，以及交谈的气氛和氛围。只要不是非常正式的场合，拉家常总不至于导致冷场。

作为同一个办公室的同事，琳达和艾米之前并不熟悉。她们有限的几次打交道，都是因为工作上的原因，私下里，她们几乎从未交谈过。

有一天，细心的琳达发现艾米整天都红着眼睛，还会时不时地偷偷掉眼泪，不由得为艾米担心起来。然而她们平日里的关系很疏远，所以琳达根本不敢直接问艾米。等到下班之后，眼看着同事们都走光了，艾米还是愁眉苦脸地坐在办公室里，琳达佯装什么也不知道地问："艾米，怎么还不下班啊？"艾米掩饰着说："哦哦，我不着急，有点工作还没做完呢！"出于礼貌，艾米也问琳达："你怎么还没走呢？"琳达这时以抱怨的语气说："别提了，我昨天和我老公吵架了，他今天出差了，跑了，我也懒得回家。""跑了？"艾米惊讶地问："你们为什么吵架啊？琳达，我觉得你脾气挺好的，不像我这么急躁。"琳达说："我脾气是挺好的，但是结了婚之后我才发现，我哪里是嫁给丈夫了呀，我简直是多了个不省心的儿子！真的，婚前信誓旦旦要照顾我，结果呢，我一结婚就成了老妈子，人家滋润着呢，不高兴就跑去出差。"听到琳达倒苦水，艾米这才也开始倾诉："难道真的是天下乌鸦一般黑吗？男人怎么都这样啊！我这几天我老公吵架了，他居然说要离婚。"琳达装作不以为然的样子劝说艾米："别搭理他，过几天他就乖乖地来找你道歉了。离婚？离婚了他哪里去找咱们这么好的老婆啊！

走吧，我今天正好也没地吃饭，我请你下馆子吧，你就当我陪我吃饭了。”

就这样，琳达和艾米一起去了饭店，点了几个菜，还喝了点儿小酒呢！在对男人的控诉中，她们成了非常好的朋友，当然，艾米也完全放下了沉重的心，再也不担心离婚的事情了。

琳达虽然很担心艾米，但是因为与艾米平日里的关系不是很近，所以她根本无法直接对艾米表示关心。但是作为办公室里的同事，她在一整天的时间里都看到艾米伤心落泪，因而又很放心不下。思来想去，她只好从拉家常开始，打开了艾米的心扉。琳达先是说起自己和丈夫之间的不愉快，才令艾米敞开心扉谈起伤心事，等到倾诉完之后，她也就不觉得伤心难过了。由此，琳达很好地安抚了艾米受伤的心。

我们与他人交谈要根据时间、情境等选择合适的话题，而在很多情况下，拉家常都是一个很好的选择。通常情况下，拉家常能够帮助我们缩短与他人之间的距离，也因为拉家常的时候会涉及到我们很多私密的事情，所以我们也就能够得到他人回应的信任，从而使沟通进展顺利。

日常的生活常识也蕴含着好话题

日常生活中，有很多话题等待我们去发掘和发现，殊不知，对于健谈的人而言，好话题无处不在，即便是在生活常识中，也有很多好话题等待发扬光大。细心的人会发现，除了专业人士在进行专业的演讲之前会进行充分的准备之外，生活中还有很多场合的讲话，其实是根本不会预先知道的，也是不会有时间提前准备的。在这种情况下，如何更好地与他人展开交谈呢？又有哪些话题是放之四海而皆知的呢？除了前文提到的热门话题之外，我们还可以从日常生活的常识着手。

正如我们前文所说的，每个人不管身份地位高低贵贱，最终都要落实到实实在在的生活中。每个人都不是不食人间烟火的神仙，这也就注定了每个人都要脚踏实地地面对生活，也要认真切实地对待生活。由此一来，那些实用的生活常识总是能够引起人们的关注，这样一来，来自生活常识的话题也就得到了大家的欢迎和喜爱。毋庸置疑，说话的人也将备受瞩目，拥有好人缘。

前段时间，罗伯特应邀参加了同事的家庭聚会，在这次聚会上，他居然见到了大名鼎鼎的小说家亨利。很多人都认出了亨利，因此等到宴会进行到一半时，大家都央求主人邀请亨利进行一次即兴演讲，要知道并非每个人都能够亲耳听到大作家的演讲啊！主人有些为难，毕竟在宴会开始之前，他并没有告诉亨利将会被要求作演讲。然而，大家盛情难却，最终主人只好硬着头皮去征询亨利的意见。出乎主人的意料，亨利很快就同意了。

在即兴演讲中，亨利想到哪里就说到哪里，从婚姻关系到关于孩子的教养问题，再到很多家庭生活中的小诀窍，听得每个人都瞪大眼睛，生怕错过了每一个字。当亨利一个小时的即兴演讲结束时，大家全都给予了他热烈的掌声。毫无疑问，亨利的演讲非常成功。作为亨利的忠实粉丝，罗伯特也私下找到机会与亨利聊了几句。他恭维亨利："您可真是作家，出口成章，把每个人都牢牢吸引住了。您之前有准备吗？"亨利笑着摇摇头，罗伯特又问："那么您是如何找到这么好的话题的呢？"亨利笑了，说："其实，我并没有刻意寻找。既然每个人都要过日子，我们为什么不说些生活常识呢？我想，每个人都难免受到夫妻关系和孩子教育问题的困扰，甚至也很愿意与我分享生活中的小诀窍。"

在这个事例中，亨利作为著名作家，应邀为参加宴会的来宾们进行即兴演讲，如果不是从生活常识中寻找到最佳话题，他一定很难获得巨大的成功。亨利说得很对，每个人在日常生活中其实都面临着一些问题，对于这些

问题，每个人都付出了极大的努力想要探究真相，当然也愿意与权威人士共同探讨和分享。正是因为这样的心理，大家才会非常欢迎亨利的演讲，也给了亨利莫大的肯定和赞赏。

其实，好话题随处可见。对于任何一个人而言，丰富多彩的生活基础都是话题的起源地，当一个人的生活非常枯燥乏味时，他说出来的话也必然很难吸引人们的倾听。相反，当一个人以渊博的知识和丰富的见地侃侃而谈时，他的谈话一定非常精彩，引人入胜。就像很多大作家之所以能够写出好的作品，也正是因为他们非常深地扎根于生活，一切创作都起源于生活，而又高于生活的缘故。朋友们，从现在开始，让我们也重视生活，珍视生活吧！当你从生活这所大学毕业时，你一定会发现自己获得了突飞猛进的进步！

对于炙手可热的时尚话题，也要有所涉猎

随着网络的普及，现代社会的信息传播速度越来越快，因而人们几乎能够足不出户就知晓天下大事。在这种情况下，时尚更新换代的速度越来越快，苹果不停地推出新机型，各种有创意的时装也接二连三地推出。因此，要想融入人群之中，与他人更好地交流和沟通，不懂得时尚的元素显然是不行的。

常言道，说话如同穿衣。爱美的女性朋友们在选择时装的时候，总是希望即使花费重金也要走在时尚的前沿。偏偏有些人则不同，他们根本不关心时尚，也不关心当下最流行的，一味地沉浸在自己的世界里，哪怕身边的人都在说时尚，他们也充耳不闻。毋庸置疑，这样的人是无法融入时尚的圈子里，与别人尽情交流的。

也许有些人天生就喜欢穿着传统的服饰，但是也依然应该对时尚有所了解。我们可以做到不盲目地追随时尚，却不能对时尚充耳不闻。否则，当你被时尚拒之门外，当你被时尚的话题拒之门外时，你也就成为了人群中的格格不入者。当然，不可否认的是，时尚的话题往往不够深刻。然而，生活除了深刻之外，也要有很多让人感到轻松的话题出现，这样生活才能做到张弛有度，也才能做到有紧张也有休闲娱乐。

作为一名育儿专家，玉巧的课堂上总是有很多妈妈。不过，有相当一部分妈妈都是刚刚接触玉巧的育儿课程，因而难免对玉巧感到陌生和疏远。为了打消妈妈们的隔阂感，使课堂气氛活跃起来，玉巧每次都会找一些合适的话题和妈妈们搭讪。

这次上课，面对着绝大多数学员都很陌生的情况，匆忙赶到的玉巧突然惊讶地指着一个妈妈的裙子说："这条裙子真漂亮，是最新的复古款式吧！今年特别流行这种款式呢，我还想着有时间的时候也去买一条。"那个妈妈有些受宠若惊，羞涩地说："谢谢您。"这时候，另一位妈妈也当即说："的确，这条裙子的颜色和花色都很好看，特别符合复古的气质。对了，你这是在哪里买的呀？"那位妈妈分享了买裙子的地点，妈妈们马上你一言我一语地说了起来，都开始计划去团购了呢！看到妈妈们热烈地讨论着，现场的气氛也非常活跃，玉巧赶紧话锋一转，说："好吧，妈妈们都很时尚，都特别关心今年的流行元素，不过接下来先让我们研究一下如何当个好妈妈，教育好家里的小屁孩，小屁孩省心，我们才能实现当美妈辣妈的梦想啊！"玉巧水到渠成引入了当天的正题，妈妈们在这个课程中都非常积极踊跃地发言。

在这个事例中，玉巧之所以能够迅速地与这些陌生的妈妈打成一片，就是因为她知道时尚的话题永远是女人们最关心的话题，因此她才能够在最短的时间内调动起妈妈们的谈兴。当气氛活跃了，接下来的课堂气氛自然也就

非常热烈。

每个女人都应该是时尚的宠儿，即便我们没有足够的钱追求名牌，但是至少也要知道一些时尚和名牌，这样在与人交谈时才不至于无话可说，根本插不进去话。女人对于时尚的热情，就像男人对于车的热情一样长久不衰，从现在开始，女性朋友们，就让我们关注时尚，了解时尚，让时尚成为我们口中一个炙热的话题吧！

读书不但开阔眼界，也能积累谈话素材

古人云，读万卷书，行万里路。在古代社会，不但行万里路很难，读万卷书也同样困难，因为古代的典籍很少，知识的涵盖面也不够宽广。但是现代社会，随着交通工具越来越发达，行万里路变得轻而易举；并且随着文化事业的极大发展和繁荣昌盛，读万卷书也不再困难，只要愿意花费时间，总是有书可读的。总而言之，在现代社会，读书已经变得非常容易，只要坚持不懈地读书，每天进步一点点，不但能够开阔眼界，而且能积累很多的谈话素材，从而使我们有话可说，甚至出口成章。

书籍，是人类精神的食粮。很多人从小就养成阅读的好习惯，几乎每天都要给自己留出阅读的时间，坚持阅读。除了书籍之外，很多报纸、杂志，只要多读读，总能够让人们了解很多时事新闻，也能够帮助人们眼界开阔，视野广阔。要想积累更多的话题，帮助自己在与人交往时拥有更多的谈话素材，最好的办法就是能够坚持每天读一个故事。从小，我们每个人都很喜欢听故事，长大之后，故事依然能够深深地吸引我们，诸如很多电台、报纸和杂志等，都常常使用故事作为广播的开头，从而吸引人们的注意力。既然新闻媒体、网络传媒都热衷于使用这种方式，我们要想与他人更好地交流和沟

通，为何不能以提故事的形式开头呢！当我们的话题紧紧地吸引住他人时，我们一定会感到非常地具有成就感。

当然，读书并非是一朝一夕的事情，我们不可能把今天晚上读到的故事，明天就讲给他人听。只有我们不断积累，让心中的故事达到一定的量，才能在需要的时候顺手拈来，轻轻松松。

作为伟大的推销员，乔每次向客户推销汽车时，不但真诚地邀请客户前来试车，还会满脸笑容地讲故事给客户听。他的故事娓娓道来，情节生动，总是能够吸引客户的注意力，从而帮助他成功地把汽车推销出去。

有一次，乔正在陪伴客户试车，当客户为车辆的新颖功能沉醉时，坐在副驾驶座位上的乔缓缓说道："当我还不是一位汽车销售员时，我最大的梦想就是拥有一辆属于自己的车。在每个仲夏炎热的夜晚，我都幻想着自己能够开着属于自己的车子，去兜风，去海边，去沙滩上，这是多么惬意和令人神往的生活啊！我的车子里一定要有皮革的座椅，还要有曲调优美的音乐，当我打开敞篷的顶，在海边欣赏繁星点点的夜空时，这一切都使人感到无比地幸福。我还想带着我最爱的人去兜风，我们用车载冰箱装满食物，去到野外尽情享用。是车子，把我和我的爱人、亲人的生命更紧密地联系在一起，也使我们的人生变得充满美好的回忆。为了完成自己的梦想，我非常努力地工作，在成为汽车销售员后没过多久，我就按揭买了一辆属于自己的车。从此，我的人生就像张开了翅膀，我的人生天地也更加广阔，总而言之，我觉得生活变得非常美好。"

当听完乔的话之后，客户几乎已经下定决心要购买这辆车了。因为乔以讲故事的方式把自己的心路历程娓娓道来，最终使得客户也像他以前一样，无限憧憬有车的生活。就这样，乔的推销成功了。事后，当有人问乔是如何把话说得这么美妙动听时，乔说："其实很简单，每天不管多么忙碌和劳累，都抽出一定的时间来读书，渐渐地你的心灵和语言都会变得同样充实和

生动。”

为了向客户推销汽车，乔不但努力读书，还把书中的很多优美语言都融入到自己的生活经历中，从而成功地把客户带入一个特定的情景，赢得了客户的信任，也勾起了客户对于有车生活的无限憧憬和梦想。通过乔的话，客户的眼前似乎缓缓展开了一幅画卷，因而他似乎就像是看到了未来的美好，因此对有车的生活更加向往。其实，作为一名推销人员，能否成功地引起客户的共鸣，就在于自身阅历是否丰富，生活经验是否生动。当然，任何人的经验都是有限的，为了补充我们有限的人生经验，我们完全可以通过读书的方式，了解更多人的人生阅历，将其内化成为我们自身的情感和体验，由此一来，虽然我们年纪也许不大，但是对于他人的理解和体谅都将会更加成熟。

朋友们，读书并非一朝一夕的事情，也不可能取得一蹴而就的成功。一个具有书香气质的人，一定要能够坚持每天读书，而且真正把书籍作为自己心灵的良师益友。当你独自一人的时候，如果你从不觉得孤独和寂寞，而是在书籍的陪伴下怡然自得，那么你就真正领悟了读书的妙处。也许一天、两天、三天……读书都没有使你产生明显的改变，但是一年、两年、三年……你一定会浸润在书香气息中，从此变得与众不同。

第03章

说话不自信的人，永远也无法被人欣赏

§

生活中，有很多人说话的时候都缺乏自信，成功者是一说话就霸气外露，他们却是一说话就霸气侧漏。试问，倘若一个人自己都不相信自己，别人又如何能够信任他呢？由此可见，我们要想得到别人的信任，首先一定要充满自信地说话，唯有如此，我们才能赢得他人的认可和赏识，才能让自己的人生多一些成功的机会。

§

充满自信的语言，让你魅力尽显

生活中，很多人一说话就放低声音，唯唯诺诺，尤其是在遭遇质疑的时候，他们更是不知道如何应对，恨不得找个地缝钻进去。这样一来，他们原本说得很正确的话，也因为这样怯懦的表现，引起他人的怀疑。与他们恰恰相反，有些人说话的时候非常自信，他们不管自己知道的还是不知道的，都能海阔天空地说，甚至自己不知道的事情，也睁着眼睛说瞎话。当然，后者与前者分别是两个极端，都是不可取的。

真正自信的话语，是对于自己有把握的事情能够大胆地说，而且总是心宽地广，无所畏惧。但是对于自己不知道的事情，他们也不会故意地遮遮掩掩，而是能够根据自己的实际情况主动承认自己的无知和错误，从某种意义上来说，这才是真正强者的表现。

通常情况下，自信的人说话与众不同，他们不但斩钉截铁，而且富有激情。很多人都曾经听过成功学家的演讲，难道成功学家说的一切都是放之四海而皆准的吗？当然不是，但是当成功学家激情洋溢地说出那些话时，不由得听众不相信。这就是自信的魅力。

不可否认的是，即便对于同样的内容，若我们用不自信的态度和自信的态度分别进行表达，所起到的效果也是截然不同的。自信富有感染力，自信的语气和语调，能够转瞬之间把这种力量注入到他人的心中，使他人对我们也产生强烈的信任。由此一来形成的多米诺骨牌效应，必然使一切都朝着我

们预期的方向发展。做人理应自信，唯有自信才能感动自己，才能主宰整个世界。对于如今互联网行业大名鼎鼎的马云，很多人都公认他创造了互联网销售的传奇，却不知道马云虽然其貌不扬，却是一个非常自信的人，这也使他说出的每一句话都具有非凡的魅力。2010年，马云参加中国地方与行业网站高峰论坛会时，正是以自信的慷慨陈词，感动和激励了在现场的所有人。

作为台湾大名鼎鼎的科学家，李远哲因为获得诺贝尔化学奖，被人们赞誉为“物理化学界的贝多芬”。从这个声誉我们不难看出，李远哲的确作出了杰出而又伟大的贡献，也具有非凡的魅力。

李远哲小时候家境良好，总是有机会博览群书，因而知识面很广。后来，因为受到各种思想的碰撞，李远哲渐渐养成了独立思考的好习惯。不管遇到怎样的难题，他都竭尽全力地依靠自己的能力解决问题，找到答案。在读初中的时候，李远哲除了牢固掌握老师教授的知识之外，还主动自学了更加高深的内容。每次考试，他回答问题时都会列举出至少三种解题方法。

有一次，老师看到李远哲解题时居然用了大学的知识，不由得大为惊讶，因而特意给了李远哲零分，想看看他作何反应。果不其然，拿到试卷之后，李远哲当即跑到老师的办公室，质问老师为何不认可他的解题方法。老师故意说：“虽然你的解题方法是对的，但是这些方法都不是我讲的，我怎么知道你有没有掌握课堂上的知识呢！”李远哲说：“老师，我之所以用其他方法解题，就是因为掌握了课堂上的知识。”老师气定神闲地说：“既然如此，那么你就把你的解题思路讲给全班同学听吧，这样我才能确定你是真的掌握了方法，而不是依样画葫芦。”

上课时，同学们全都坐好。李远哲大步流星地走上讲台，很快就条理清晰地为同学们讲述了自己的解题思路。他一边讲解，还一边在黑板上进行板书，使得同学们全都惊讶不已，对他也佩服极了。站在讲台下看着的老师满意地点点头，给李远哲的试卷写上了大大的一百分。

在这个事例中，作为一名初中生，李远哲居然已经掌握了大学的解题思路，的确使人刮目相看。尤其是在面对老师的质疑时，他毫不退却，还按照老师的要求走上讲台，落落大方、井井有条地把自己的解题思路讲给同学们听，实在让人佩服。老师和同学们不但为他的博学多才敬佩不已，也为他的自信和气定神闲，竖起大拇指。

每个人都要拥有自信，才能成为人世间顶天立地、大写的人。虽然自信说起来只有简简单单的两个字，但是真正想要做到，绝非那么容易。一个真正自信的人，首先要拥有强大的内心，唯有如此，他才能坦然面对一切非难和质疑。当自信建立起来之后，我们还要把自信和自负区别开来，这样才能扫清前进道路上的障碍，也避免自己困住自己。总而言之，适度的自信才能对我们的人生起到积极的推动作用。同时，我们在言谈举止间也应该表现出自己的自信，这样才能把自信传达给身边的每一个人。

拥有专业领域内的话语权，你才能成为“专家”

毋庸置疑，每个人从呱呱坠地开始，就拥有自己的长处和短处。因而，每个人要想成就最优秀的自己，就必须客观认识自身的优点和缺点，才能做到扬长避短。尤其是在专业领域内，我们更应该拥有过硬的专业知识，才能成为权威的“专家”，说出去的话才能具有分量，才能引起反响。

不得不说，有的人之所以引人瞩目，恰恰是因为他们所擅长的都是大家关注的，因而非同凡响。而有些人之所以有缺点也被忽视，很少被提起，恰恰是因为他们的缺点是大家所不关注的，这样一来，他自然更容易得到大家的肯定和认可。所谓的话语权，即使不要求我们一定要成为某个领域的权威专家，也要求我们的专业知识必须过硬。看到这里，也许会有很多读者朋友

觉得为难，毕竟专业知识过硬并非说起来的那么简单。其实，这里所说的专业知识过硬，指的是我们要有所擅长。所谓尺有所短，寸有所长，任何人都要做到术业有专攻，才能最大限度发挥自身的能力。

以前，有很多人都觉得自己一定要全面发展，即每个领域都要有所涉猎。然而，一个人的时间和精力是有限的，不可能做到面面俱到。当一个人面面俱到的时候，也就意味着他绝不可能每个方面都很优秀，这也与近年来讨论火爆的“木桶理论”有着异曲同工之妙。所谓木桶理论，指的是人们要补足自己的短板。其实现代社会的人们更需要发扬自身的优点，才能得到最大的发展和进步。由此可见，一个人的发展不是由短板决定的，而是由长处决定的。这就是现实。我们唯有在专业领域内为自己树立自信，才能让自己说出来的话有分量，才能让自己拥有专业领域内话语的权威。

马云在创立黄页的时候，曾经与中国电信的一个三产企业产生了激烈的竞争。但是，那个三产企业的注册资本是2.4亿元人民币，而马云的中国黄页的注册资本只有5万元人民币。从这两个数字不难看出，中国黄页与三产企业的竞争进行得异常惨烈，然而，作为一只体型庞大的大象，三产企业要想踩死小小的蚂蚁也并不容易。小蚂蚁只要能够在夹缝里求生存，找到自己的生存之道，也照样能够活得很好。因此，在整整八个月的白热化竞争中，中国黄页从未败下阵来。无奈之下，三产企业只好主动要求谈判，并且好心地要为中国黄页注资140万人民币。当时，马云听到这个天文数字简直心花怒放，激动之余，他没有细想，当即同意了。然而，当合资公司成立之后，灾难也接踵而至。原来，三产企业的董事会成员有五票，马云这边只有两票。任何事情一旦进入董事会商讨，马云总是以两票惨败给五票，就这样，在八个月的竞争中都没有败给对方的马云，这一次不得不低头认输。原来，这140万就是个大大的陷阱，彻底束缚了马云的手脚，也使得马云彻底失去了话语权。

在这次事件中，马云吸取了教训，意识到钱不能买到最珍贵的东西——话语权、决策权，这恰恰是一个公司生存的根本。从此之后，马云在创业的时候，永远不控股公司，从而给予下属更多的施展和发展空间。

从马云的经验教训中，我们不难看出失去话语权的严重后果。其实，不仅是创办企业，包括经营人生在内，我们都要很好地掌握话语权。不管一个人的专业能力多么强，也不管一个人的专业技术多么过硬，都必须要拥有话语权，才能成为领域内的“专家”，才能真正成为自身命运和企业命运的主宰。

朋友们，任何时候都不要妄自尊大，也不要妄自菲薄，所谓尺有所短，寸有所长，每个人都有自己的长处，也有自己的弊端。只要我们取长补短，扬长避短，我们也就能够帮助自身赢得最好的发展。只有在这种情况下，一个人才能满怀自信地说出自己的“权威声音”！

身体语言也能彰显你的自信

众所周知，人们主要依靠语言进行沟通，不过有很多时候，除了语言之外，为了增强表达的效果，我们也可以适当利用身体语言。对于那些不好意思直接说出口的话，或者在仅靠语言无法表达出强烈感情的情况下，身体语言可以起到很好的补充作用。例如，我们愤怒的时候会用拳头砸桌子，我们高兴的时候会情不自禁地手舞足蹈，我们激情洋溢的时候会振臂高呼，这都是身体语言在起表达的作用。

那么，对我们的人生起到至关重要的自信，是否可以通过身体语言表达出来呢？没错，身体语言也会“自信地说话”。如果你曾经听过演讲比赛，你会发现那些表现优异的演讲选手，他们在演讲到达高潮的时候，总是灵活

机动地使用身体语言，或者把拳头高举过头顶，或者以有力的振臂高呼表达汹涌澎湃的内心世界。当然，使用身体语言表达自信的时候也要注意，如果手势运用不当，也许会起到相反的效果。由此可见，唯有恰到好处地运用身体语言，才能让我们的身体"自信地说话"。

作为大名鼎鼎的互联网创业者，马云就是一个身体语言非常丰富的人。不管是在与他人交谈的时候，还是在进行演讲的时候，马云都有一个极富标志意味的动作，即用双手握紧拳头，并且在说话的时候收紧脸颊两侧。这样一来，他的形象就会散发出自信的光辉，也会使人更加愿意相信他所说的一切。不得不说，恰到好处的身体语言给我们的语言表达加分很多，也能够使其起到预想不到的良好效果。

这次参加面试，小马打定主意要获得成功。为此，他进行了充分的准备，甚至连进行自我介绍的身体语言动作都设计得精确到位。

果不其然，小马心仪已久的这家企业得到了很多求职者的青睐，小马过五关，斩六将，通过了笔试和初试之后，才进入复试的流程。当面对考官的时候，他开始自信地进行自我介绍。小马的自我介绍与众不同，不但有关于自己的内容，也有很多关于对公司的憧憬的言辞。在说到最后的时候，小马为了表达出自己的力量，用右手握紧拳头，重重地挥舞了一下。正是这样的动作，帮助小马给面试官留下了深刻的印象。后来，已经与小马成为同事的面试官说："在几十个面试者中，唯独你用右手握拳重重地挥舞，这使我们看到了你的信心，也使我们感受到了你信心的力量！"

一直以来，尽管有很多人都把说话看成是一件简单的事情，似乎只要上下嘴唇一碰就能完成，实际上，说话从不简单，也不纯粹。要想完成好说话这件看似简单的事情，我们除了要提升自己的语言表达能力之外，还要学会运用身体语言，这样才能恰到好处地运用身体语言为我们的表达加分。尤其是当置身于比较严肃的场合中时，我们是挺直僵硬的身体呆板地说话，还是

运用身体语言辅助纯粹的语言，效果将会截然不同。仅从听众的视觉和心理感受来看，前者无疑是枯燥乏味的，即便他所说的内容再怎么生动丰富，也会因此受到牵连。相反，后者则能够更加成功地吸引听众们的注意力，从而使听众们与其产生积极的互动，也使得谈话氛围更好。

总而言之，朋友们，不要小看那些交流过程中的辅助手段，有些时候，它甚至比语言更能表达你内心的情绪、情感，可以将你的精神和意志更加充分地表现出来。假如我们想要提高自身的表达能力，仅仅提升语言的方面还是不够的，唯有把动静结合起来，才能以肢体语言辅助语言表达，收获更加出人预料的效果！朋友们，从现在开始，就让身体语言表达出你的自信吧！

唯有对自己深信不疑，才能博得他人信任

生活中，每个人都自认为非常了解自己，也很自信，其实，对自己真正深信不疑的人少之又少。一个真正擅长交际的人，一个真正善于灵活使用语言的人，说话从不空洞无物，反而言之凿凿，不但能够使自己信服，更能够让他人信服。其实，让自己信服与使他人信服之间，完全是相辅相成的关系。试想，假如一个人在说话的时候本身就很心虚，甚至觉得自己是在骗人、忽悠人，那么他说出去的话还会有人相信吗？当然不会。只有相信自己的人，才能博得他人的信任，这一点毋庸置疑。

因为，一个真正的语言高手并非取胜于语言的技巧，他们的成功归根结底来自于他们淡定笃实的内心，也来源于他们超强的自信心。唯有拓宽自身的知识面，加深自身的知识储备，才能更好地充实心灵，才能在与人交谈时思维清晰，逻辑严谨。对于一个难以自圆其说的人来说，只怕连他自己都无法面对自己，更别说让别人相信他了。因此，当我们想要运用语言说服他

人时，我们首先应该具备自信，即我们自己要对自己所说的话深信不疑。这样，当我们向别人表达的时候，才能把这份力量传递给别人，才能赢得他人的信任，这正是自信的传递作用和感染作用。

当然，说服别人并不是一件简单的事情，尤其是当人们之间产生分歧的时候，几乎每个人都愿意相信自己的想法是对的，而指责他人的想法是错误的。在这种情况下想要说服他人，除了要有充分的理由之外，也需要强烈的自信作为支撑。很多成功的企业家，总是能够以让人心服口服的理由说服他人，这样一来，他们的谈话才会具有与众不同的强大气场，使人情不自禁地接受他们的观点和看法。虽然我们不是成功人士，但是在与人交流和沟通时，也要具有这样的自信，才能使沟通变得更加和谐融洽与顺利。

作为一名二手房销售人员，小娜的销售业绩在公司里始终名列前茅。对于这样的传奇人物，几乎每一个同事都觉得非常好奇。终于，在年终的分享会上，公司的王牌销售小娜，和大家分享了自己的销售秘笈。

小娜告诉大家，要想成为客户的主宰，引导客户购买房屋，一定要有自信，要对自己所说的话深信不疑，这样才能赢得客户的信任。曾经，小娜带着一对年轻的情侣看房，这对情侣买房的钱是两家的老人一起凑的首付，其他的全部都要按揭。当时，因为市场上出了新政策，所以这对情侣非常犹豫，生怕房价大跌，令老人辛苦了一辈子的血汗钱打了水漂。对此，小娜斩钉截铁地说："我从事二手房销售已经有五年的时间了，从未看过任何一个客户买房子买赔了。换言之，现在就算市场有可能下行，那么你们知道何时抄底吗？对于政策市场，也许一个利好政策的出现，就会导致房价上涨十几万，几十万。我觉得，你们可以承受得起暂时下跌，因为你们也不是炒房的，买了房子至少三、五年不会卖掉吧，而三、五年之后早就涨上来很多了。相反，你们承受不起上涨，一旦房主涨价五万到十万，你们辛苦凑出来的首付就不够了。其实，我和你们一样也正在买房，我的情况也和你们一

样，经不起再涨价了，哪怕一万。既然如此，何不抓住这个千载难逢的好机会买房呢！毕竟，房子对于刚需的客户而言，升值是次要的，居住和实用才是主要的。”

小娜说完这番井井有条、合情入理的话后，把自己都给感动了，也坚定了自己抓准时机买房的信念。毫无疑问，客户也被小娜打动了，不停地说：“嗯嗯，对，对，你说得有道理。这样吧，我们一定抓紧时间，只要看到合适的房子，就马上出手，绝不耽误。”后来，这对年轻的情侣很快就在小娜手中买到了合适的房子，当然，小娜自己也很快就定下了一套房子。

能够把自己打动、让自己下定决心买房的销售，也一定能够打动客户。现实生活中，有很多销售人员自己都不看好市场，却想要忽悠客户赶紧掏出钱来买房，即便他们误打误撞、口不对心地说出了买房宁早勿晚的道理，客户也很难被他们说动。归根接底，语言的表达不仅在于文字的组织，更在于一种毋庸置疑的气势，和感动自己的决绝。当我们能够做到这一点的时候，我们就一定会成为优秀的销售，也能够成功地说服他人，更能够真正地打动自己。

任何时候，要想言之有理，一定要先捋清自己的思绪。唯有做到心中有理，我们才能保证自己说出来的话合情入理，才能以坚定不移的信念打动他人，感动他人。自信的力量，是每一个人都很难抗拒的。当我们以信誓旦旦的语气说出他人无法反驳的话，我们就成功了一半。

把“坏事”说好，才是真本领

一个真正的讲话高手，不但能够恰到好处地表情达意，而且能够把“坏事”说好。当然，这里所谓的把坏事说好，并非指的是改变事情的本质。毕

竟，很多事情一旦发生，根本没有回旋的余地，对于当事人或者是相关的人来说，唯一能做的就是接受事实，勇敢面对。不过，对于事情的传达者而言，为了避免发生次生灾害，把坏事说好还是很有必要的。诸如面对一个身体虚弱的老人，假如你带来的是关于其孩子的坏消息，如何说才能让老人平稳地接受，不至于引起其身体上的巨大不适呢？再如，如果你想安慰一个伤心的人，如何才能使其缓和伤感的情绪，做到坦然接受事实呢？总而言之，人生不如意十之八九，很多时候，人们都会面临各种各样的困境和难题，也会遭遇突如其来的灾难，在这种情况下，面对成为最急需解决的难题。唯有具备把坏事说好的本领，我们作为传达坏消息的人才能帮助其他人平静接受，平稳渡过。

现代社会，人人都深知正能量的重要性，也常把正能量挂在嘴边。在与其他人交往时，大家都情不自禁地欣赏和青睐那些拥有正能量的人，而远离负能量。人是群居动物，总是喜欢与他人分担忧愁，分享喜悦。在这种情况下，能够把坏事说好的人，就会给我们失望沮丧的心带来丝丝的希望和光明，也使我们更加坦然地面对人生的诸多意外。不得不说，把坏事说好实际上是给人提供精神上的力量，是真正善于运用语言的人创造的奇迹。

彤彤今天放学回家的时候，脸上明显地写着“不高兴”三个字。妈妈看到彤彤的模样，非常冷静，并没有急于追问，而是等着彤彤自己想说的时候再主动地说出来。果不其然，在妈妈做晚饭的时候，彤彤也跟着妈妈来到厨房，帮着妈妈淘米洗菜。彤彤说：“妈妈，我有个不好的消息想要告诉你，你可千万别生气啊！”妈妈微笑着说：“哦，什么样不好的消息，居然让我们的开心果彤彤都忘记了微笑的模样啊！”彤彤羞愧地看着妈妈，说：“今天数学老师进行单元测试了，我只考了八十多分。”妈妈有些意外，问：“你的数学成绩向来很好啊，这次是发生什么意外了吗？”彤彤沮丧地说：“我有一道大题目做错了。”

“哦，原来是这样啊。那么，你现在会做了吗？”妈妈问。

彤彤点点头，说：“老师已经讲过试卷了，我想我已经完全掌握了。”

妈妈笑着点点头说：“没有人能够保证每次考试都考好，这次只考了八十多分，但是你却知道了自己的不足，已经进行了及时的补救。只要你下次考试的时候不会再犯同样的错误，这就是最大的收获。”

听了妈妈的话，彤彤眼含泪水点点头，妈妈为了鼓励彤彤，继续说：“其实，考八十多分还有一个好处呢！”彤彤不解地看着妈妈，妈妈接着说：“你想啊，如果你每次都考一百分，那么就没有进步的空间了。但是现在不一样啦，你还有巨大的进步空间，说不定还能得到进步奖呢！”妈妈的话使得彤彤破涕为笑，他对妈妈说：“妈妈，放心吧，我下次一定会取得巨大的进步。”

妈妈当然是个好妈妈，对于彤彤的沮丧和失落，妈妈三言两语就把彤彤心目中的坏事说成了好事。也正是因为妈妈的鼓励，彤彤才能端正态度，再接再厉，努力学习。其实，每个人在人生之中都会遇到各种各样的困难，在这种情况下，与其失望沮丧，不如调整心态，端正态度，把失败看成是人生进步的阶梯。这个道理不仅适用于彤彤同学，也适用于我们每个人。

生活中，有很多人都喜欢抱怨。殊不知，抱怨除了使本来就很糟糕的事情更加糟糕以外，也会给他人传递负能量。要想成为人生真正的强者，我们就要正确对待人生中的坎坷挫折。不管是对于自己，还是对于他人，都要具备把坏事说好的能力。朋友们，你们已经准备好自己的三寸不烂之舌了吗？正如人们常说的，心若改变，世界也随之改变。我们要想改变自己的人生，就要从改变自己的内心，改变自己的语言开始做起！

鼓舞他人，也就是鼓励自己

曾经有句话，叫作原谅别人就是宽宥自己。在这里，我们要说，鼓舞他人，就是鼓励自己。现实生活中，正能量是可以在人与人之间传递的，若一个人的心态积极乐观，勇往直前，他身边的人也必然会感受到他的强大，因此不知不觉地受到影响。正如古人所说，近墨者黑，近朱者赤，就是这个道理。因此，在这样的情况下，我们不但要鼓舞自己，更要鼓舞他人。试想，当我们身边的每个人都变得充满正能量时，我们又怎能不受到积极的影响呢！

一个人，不但要懂得如何与他人交流，更要懂得如何与自己的心对话。当我们积极地与自己交流，给自己加油鼓劲时，我们真的会变得振奋起来，充满自信和热情，这样一来，我们也就更加有能力去鼓舞他人。由此，我们生活的整个小圈子就会充满正能量，进入良性运转之中。

所谓鼓舞自己，顾名思义，就是自己与自己说话。遗憾的是，现实生活中有很多人与他人说话头头是道，一旦到了与自己对话的时候，就变得思维混乱，之前的口若悬河也马上变成了磕磕巴巴。这样对待自己，自己怎么可能保持自信和积极热情呢？任何情况下，我们都只有调节好自己的情绪，成为自身情绪的主宰，才能将更多的能量传递给他人。因而朋友们，坚持不懈地给自己鼓劲吧，也给身边的那些人鼓劲，这样才能给自己创造积极向上的生活环境。

从某种意义上来说，鼓舞他人，其实也就是鼓舞自己。首先，我们在鼓舞他人的过程中，必然要引经据典，努力说服他人。在此过程中，我们不遗余力、绞尽脑汁想出来的说辞，在我们说服他人时也会不知不觉地打动我们自己。其次，当我们成功鼓舞了他人后，他们的斗志昂扬也会反过来影响我

们，正如上文所说的，由此形成良性循环的小圈子。因而，朋友们，千万不要吝啬鼓舞他人，因为你在成就他人的同时，也成就了自己。

面对着突如其来的灾难，整个村子都因此陷入了深深的悲痛之中。原来，这个雨季因为村子里之前的防汛工程没有得到及时修整，面对突如其来的大雨，突然形成决堤，导致整个村子被淹没，不但房子倒塌了，很多没有来得及转移的村民也失去了宝贵的生命。

看着被掩埋在屋下的亲人，整个村子都发出悲痛的哀号。然而，救援的官兵还没有到来，为了争取到宝贵的救援时机，村主任带领全村的人展开自救。孩子和老母亲被掩埋的村主任说："乡亲们，水火无情，咱们村子遭难了。但是，我们不能放弃，虽然救援的官兵还没到来，但是时间就是生命，我们必须争分夺秒地进行自救。现在不是悲伤的时候，无数被压在屋子底下的村民都等着我们去救他们。乡亲们，擦干眼泪吧，我们早一秒擦干眼泪，我们的亲人就能早一秒重见天日！"村主任的话不但鼓舞了乡亲们，也令他自己情不自禁地用脏兮兮的衣袖使劲擦了擦眼睛。的确，时间就是生命，与其悲伤，不如赶紧想尽一切办法挽救亲人的生命。很快，所有的村民都暂时放下了悲伤，哪怕已经确定亲人遇难的村民，也拿起一切能够找到的工具，对其他乡邻展开积极的救援。等到救援官兵到来时，他们已经从废墟中救出了三个村民，为他们赢得了生机。

村主任的家里也受灾了，老母亲和孩子都被掩埋在废墟下。然而，他为了鼓舞村民，只能强忍住悲痛，说出那些大义凛然的话。让他没有想到的是，他的这番话不但鼓舞了村民，也使他自己鼓起勇气面对灾难。就这样，这个村子里幸存的人都万众一心，众志成城，竭尽全力迎接被掩埋的亲人、乡邻。不得不说，这样的情形是振奋人心的，也使整个村子都鼓起了勇气。所以，他们才能在救援官兵到来之前，营救出三名乡邻，争取了宝贵的救援时间。

很多时候，我们以为自己是在劝说别人，却不知不觉地也劝说了自己。任何情况下，讲话不仅传递出人们的思想和观点，也传达出人们的信念和理念，更传达出人们的态度和情感。因而，我们如果想要得到更多听众的认可和支持，在讲话之前，一定要先调整好自己的心态，端正自己的态度。当我们成为力量的源泉，当我们一鼓作气地扬起他人信心的风帆时，我们自己也心潮涌动，充满了积极奋发的力量。

在这个世界上，每个人都会面对困难，正所谓人生不如意十之八九。然而，是选择知难而退，还是选择迎难而上，我们的选择将彻底改变我们的命运。越是在危急的时刻，我们就越是要扬起信心的风帆，帮助自身鼓起勇气，也帮助他人鼓起勇气，无所畏惧地面对困难，超越困境！

第04章

幽默打动人心，难于出口的话笑着说出来

§

幽默，是人生最高的智慧表现形式，一个真正懂得幽默且能够灵活运用幽默的人，必然有着智慧通达的内心，也具有完善的人格和极高的情商。现实生活中，我们常常遇到尴尬的情况，在这种情况下，与其被冷场绑架，不如充分运用幽默的话语打破沉默和难堪，从而解放自己，拯救他人。

§

幽默，是人生中最高明的智慧

现实生活中，每个人都想成为处处受欢迎的人，而不愿意自己被他人排斥和抗拒。的确，一个总是招人讨厌的人，很难拥有好人缘，且不说他们的人际关系将会变得很恶劣，他们的人生也会因此处处受局限。毋庸置疑，现代社会中，良好的人际关系对于每个人而言都是非常重要的人脉资源，如果缺少这至关重要的成功必要条件，人们在社会生活中将举步维艰。因而，真正的聪明人都会不遗余力地想要具备幽默的技能，并且让自己能够灵活运用幽默。

其实，熟悉的人之间因为彼此的了解比较深刻，因而不容易产生误解，也不会轻易地给人留下恶劣的印象。但是对于不熟悉的人之间来说，尤其是当我们初次面对陌生人时，幽默则显得至关重要。众所周知，面对初次见面的陌生人，大多数人都会觉得比较紧张，也无法做到坦然自若，倘若这时候其中的任何一方能够灵活运用幽默的魅力，则能够在最短的时间内拉近彼此之间的距离，也可以使现场的气氛变得轻松活跃，交谈自然也就顺畅起来。从古至今，有很多成功人士都深谙幽默的道理，诸如我国的第一外交官周恩来总理。当我们的国家还不够强大的时候，常常遭遇西方列强的嘲笑和挖苦。每当这时，敬爱的周总理总是充分运用幽默的能力，从容应对西方国家那些对中国不怀好意的人说出来的难听话。他不但应对自如，而且很善于运用幽默的方式进行反击，往往使得对方哑巴吃黄连，有苦说不出。再如，在

西方国家中，人们更加重视幽默。哪怕是年轻人寻找人生伴侣，也会以幽默作为非常重要的择偶标准之一。在很多人看来，一旦缺少了幽默，似乎整个人生都会因此而变得黯淡无光。由此可见，幽默具有神奇的力量。

作为法国著名的剧作家，贝尔拉非常幽默。有一次，他去一家高档餐厅就餐，当侍者把汤送来后，他说："我无法吃这种汤。"这家餐厅服务非常好，真正把顾客当成是上帝，尽量满足顾客的一切需求。为此，侍者表示道歉之后，马上把汤端走，并且送来了菜单，让贝尔拉重新选择一款自己喜欢的汤。然而，当侍者再次把汤送来时，贝尔拉依然说："我无法吃这种汤。"侍者面对这个难缠的客人，感到非常为难，无奈之下，他只好找来餐厅经理。经理礼貌地问贝尔拉："您好，先生，请问您对刚才的汤有什么不满意的地方吗？在我们的餐厅里，顾客们都很喜欢这两款汤。"这时，贝尔拉说："当然，我很也喜欢这两款汤，但是，我没有汤勺，如何吃它们呢！"听了贝尔拉的回答，经理忍俊不禁。

还有一次，贝尔拉乘坐火车外出旅行，他坐在头等舱里，却毫无顾忌地抽烟。这时，一位乘客火冒三丈，毫不犹豫地阻止贝尔拉。贝尔拉对此无动于衷，继续怡然自得地抽烟。无奈之下，那位旅客气呼呼地去找列车长。列车长毫不客气地指责贝尔拉："这位先生，请您接受好意的劝告，不要在车厢里抽烟。"贝尔拉依然怡然自得地抽烟，缓缓地对车长说："列车长先生，请您首先履行自己的职责，查一查那位旅客的票。"在列车长的要求下，那位旅客很不好意思地掏出了自己的票，原来他只有二等车厢的票，却坐到了头等车厢。等到列车长离开之后，相邻的旅客好奇地问贝尔拉："先生，您是如何知道那位旅客是二等车厢的呢？"贝尔拉洋洋自得地说："因为我从他透明的口袋里看到，他的车票和我的车票一模一样。"

贝尔拉是一个很幽默的人，尽管他几次三番故意"刁难"侍者，也让餐厅经理不知所措，不过他并不是出于恶意，而是最终把大家都逗得忍俊不

禁。在第二个事例中，他的幽默之中还透露着小小的狡黠，给人带来愉快的感受，瞬间拉近了与他人之间的距离。

当然，一个愚蠢的人是很难真正发挥幽默的魅力的。任何时候，我们都要区分幽默与低俗的玩笑之间的区别。真正的幽默未必需要夸夸其谈、口若悬河，也不只需要故意逢迎他人，而是画龙点睛，虽然说话言简意赅，却能够起到出人预料的幽默效果。很多人以为幽默仅限于语言的表现形式，其实幽默更是思维的表现。一个人只有具备灵活的思维，才能够做到及时应变；同时也需要以好的口才作为表现的绝佳形式，才能真正拥有幽默的能力。因而，在日常生活中，为了培养我们的幽默能力，提升我们的幽默技能，朋友们，我们首先要学会发散思维。通常情况下，人们的思维总是受到经验等方面的局限，导致无法成功地跳跃、创新。唯有养成创新思维、发散思维的好习惯，我们才能突破常规的局限，彻底打开自己的思路，让自己的思维变得更富有创意。当然，我们也要锻炼自己的内心，让自己变得真正强大起来。当我们内心淡定平和，精神上非常强大时，再加上语言的魅力，我们自然能够成为处处受人欢迎的幽默使者。

幽默的人能够恰到好处地展现风度

人们常说，幽默是语言表达的最高境界。一个幽默的人不但能够给他人带来很多的快乐，也能够恰到好处地表现出自己的风度。当成为众人瞩目的焦点时，幽默的人自然能够成为人群中的社交之星。

现实生活中，没有人能够永远受人欢迎。在人际交往的过程中，我们难免会遭遇到尴尬和冷场的情况。有的时候，我们也会因为遭遇他人的误解而十分被动。在这种情况下，如果一味地为自己辩解，非但不能证明自己的清

白，反而会因为无休止地与他人纠缠，降低自己的身份和地位。这时，与其竭力争辩，不如采取幽默的方式，恰到好处地展示自己的风度，这样反而能够给他人留下好印象，令他人更加认可和欣赏我们。尤其是当遭遇他人的恶意挑衅时，针锋相对地报复和打击他人，远不如适时地幽上一默，让大家在欢笑之中对我们佩服得五体投地来得更好。总而言之，幽默是人际交往的润滑剂，用好幽默，我们才能更加受到他人的赏识，帮助自己建立和经营好人脉资源。

奥巴马发表演讲的时候，大家都去听演讲。女大学生泽尔贝斯靠在最前面，距离奥巴马很近。因为人群拥挤，她手中拿着的酸奶不小心洒了，弄到了奥巴马的裤子上。正在演讲的奥巴马不动声色，并且幽默地说："哦，真好，你居然泼中了，你真的泼中了！没关系，我是在开玩笑呢，真的没关系。谁能给我一张纸巾呢？这酸奶是谁的？哦，这下子你一定会出名了，因为你居然把酸奶洒到总统身上了。这可真是一条绝妙的新闻啊！"工作人员马上把纸巾递给奥巴马，奥巴马马上弯腰擦拭自己的裤子。这时，看着这一切的泽尔贝斯尴尬极了，赶紧道歉："总统先生，很抱歉，我真是不是故意的，希望您能原谅我。"看着泽尔贝斯紧张不安的样子，奥巴马马上幽默地说："没关系，我能理解你，你一定是看到总统太激动太兴奋了，所以才会不小心把酸奶洒到我的身上。当然，也许你是看到特勤局的人都瞪着你，所以你原本是想洒到他们身上的吧！"听了总统的话，在场的同学全都忍俊不禁地哈哈大笑起来。奥巴马的这番话，不但消除了泽尔贝斯的尴尬，也帮助自己成功解围，更重要的是还彰显了他的宽容大度和风趣幽默，可谓一举数得。

自从中国长沙出土了马王堆汉墓，而且挖掘出不腐女尸后，整个世界都为之轰动了。在秘密访华时，基辛格博士曾经对周总理提出："尊敬的总理先生，贵国马王堆一号汉墓的发掘成果让整个世界都为之震惊，那具女尸

的确举世罕见啊！我来到贵国之前曾经受到我国著名科学家的委托，希望能够用地球上没有的东西换取女尸身边的木炭，您看可以吗？”周总理听了之后，问：“国务卿先生，贵国政府想用什么东西进行交换呢？”基辛格说：“月球上的土，是我国的宇航员亲自从月球上带回来的，这个可是地球上没有的，也是贵国没有的吧？”

听了博士的回答，周总理笑着说：“我以为是什么稀罕的东西呢，原来来自我们的老祖宗啊，我们的老祖宗早就把月球踩在脚下了。”基辛格听了之后惊讶不已，疑惑不解地问：“难道你们已经登上月球了？这是什么时候的事情？为什么没有向世界公布消息呢？”

周总理指着眼前茶几上嫦娥奔月的牙雕，面带微笑、一本正经地对基辛格说：“我们早就公布了呀，五千多年前，我们的祖先嫦娥就飞到月亮上了，还在月亮上修建了广寒宫呢！如果你不信，我们很快就会派人登月看望老祖宗呢！在我国，这可不是什么新闻，而是人尽皆知的，你作为中国通，怎么能不知道这件事情啊！”周总理幽默机智的回答，使得基辛格博士情不自禁地笑了起来，再也不提以月球的土换取马王堆女尸周围木炭的不情之请了。

在第一个事例中，奥巴马作为总统，却在公开的演讲场合被泼了酸奶，不得不说，这是很让他尴尬的。然而，作为闯祸的女大学生，泽尔贝斯更加紧张不安，幸好奥巴马非常幽默机智，给泽尔贝斯打了圆场，也使得现场原本紧张的气氛缓和下来，更表现出奥巴马与众不同的风趣、气度。在第二个事例中，面对基辛格博士的不情之请，周总理很难直接拒绝，因而就以中国古代尽人皆知的神话故事，以委婉风趣、幽默智慧的表达，让基辛格再也不提交换的事情。

在与人相处的过程中，我们每个人都难免有遇到尴尬的时候，在这种情况下，与其与他人针锋相对，不如以聪明机智表现出自己的独特幽默，这样

不但能够化解尴尬，也能够帮助我们表现气度，赢得他人的认可和赏识。

让笑声伴随你我，走遍世界的每一个角落

生活中，人们总是很愿意围绕在快乐的人身边，因为快乐是有气场的，总是能够使人感受到更多的美好。而且，快乐也是可以传染的，乐观开朗的人总是能够带给身边的人积极正向的能量。常言道，笑一笑，十年少。其实，快乐的人自身也显得非常年轻，能够把快乐的欢笑带给身边的每一个人。然而，这个世界上每个人的人生都不是一帆风顺的，大多数情况下，我们总是难以避免地遭遇坎坷挫折，也常常因为对生活的无奈陷入悲伤和忧愁之中。由此可见，若一个人能够及时调整自己的心态，在不同的场合中自由变换角色时，他就能够成为社交中的高手，在人际交往中游刃有余。尤其是当一个人在每个场合都面带笑容地出现，把笑声带给身边的每一个人时，则更能够得到他人的认可和赏识。

现代互联网产业的传奇——马云就是一个非常幽默的人。最难得可贵的是，他的幽默并非刻意为之，而是因为他始终都保持着幽默乐观的心态，因而他的幽默是随时随地的。不管是初次接触陌生人，还是与熟悉的人相处，他都很幽默，他与他人交谈的气氛总是非常活跃，这也源自他的幽默。在别人的眼中，马云很平易近人，也很具有亲切感。在当老师期间，马云就充分表现出机智幽默的特质，因而总是能够带给学生们非同寻常的快乐。

一天，上课铃响了，马云并没有像往常一样伴随着铃声来到教室门口。相反，等到同学们都坐好，在座位上等了很久后，马云依然没有出现，讲台上空空的，原本端坐着等待老师的学生们不由得开始着急地窃窃私语。五分钟之后，学生们开始骚动，甚至有些学生走下座位，在教室门口和窗户处探

头探脑。还有人建议班干部应该去办公室找一下老师，看看是不是临时换教室了，却没有来得及通知学生们。

正当学生们躁动不安、议论纷纷的时候，突然，一个瘦弱矮小、长相很有特点的男子冲上讲台，不等站稳喘口气，他就气喘吁吁地开始说道："今天，我们上课的主题就是'迟到'。坦白说，我平时最讨厌不守时的人，对于别人的迟到，我总是感到不被尊重，正如一位伟大的人所说的，迟到就是谋财害命……"听到这里，同学们全都会心地哈哈大笑，他们知道，老师正在以一种非常幽默的方式向他们表示歉意呢！这个老师，正是后来创造了互联网传奇的马云。

迟到当然是不好的，尤其是作为老师，居然让满堂的学生坐在那里等着他，则更加不好。为此，迟到的马云肯定和每个迟到的人一样觉得很尴尬，无法坦然面对学生，幸好他非常聪明机智，以幽默的方式向学生们表达了自己的歉意。随着学生们会心的笑声，他们此前的郁郁寡欢完全不存在了，以至他们都宽容而又愉快地原谅了老师。这就是幽默的魅力，哪怕面对尴尬的情况，同学们也都能够表现出宽容和理解，从而使作为当事人的马云摆脱尴尬。

真正的幽默是从心底里流淌出来的清泉，在人际交往的过程中，它总是不知不觉地表现出来，能够帮助人们赢得他人的认可和赞许。在笑声中，人们常常不由自主地放松自己紧张的心情，也能够消除对他人的警惕和戒备心理。即便是在熟悉的人之间，笑声也能调节气氛，使人们之间的交往更加和谐愉快。幽默也像是煦暖的春风，让人感受到懒洋洋的倦怠，这种放松的气氛恰恰是建立和经营人际关系的最好土壤。因而，要想成为人际交往中的宠儿，我们不但要成为合格的倾听者，也要成为笑声的传播者。朋友们，让我们的生命中充满欢声笑语吧，让我们把欢声笑语带到世界的每一个角落中吧！

自我贬损，也许能够使人“爆笑”

几乎每个人都想要充分表现出自己的优点和长处，而隐藏自己的缺点和短处，这是为什么呢？因为人的本性就是希望得到他人的认可、尊重和赞赏，而不喜欢被他人批评和否定。在这种情况下，人人都高兴地迎接赞美，而愁眉苦脸地面对批评。其实，当我们的内心足够强大时，赞美和批评也就不会继续严重影响我们的生活了。尤其是当我们能够坦然地面对自己的不足，甚至以自我调侃的态度嘲笑自己的不足时，往往更加能够使得他人感受到我们强大的气场，也因此产生笑声不断的效果。

真正自信的人就是这样的强者，他们从不畏惧自曝短处，甚至还会偶尔自我调侃，自我嘲笑，从而给人留下低调而又谦虚的好印象。从本质上来说，只有能够摆正自身位置，谦虚对待他人的人，才不会自视甚高，才能主动调侃自己。此外，假如这个自我调侃和贬损的人，恰恰是有身份有地位有影响力的人，那么他的自我贬损则会起到更好的效果，使人深切感受到他的平易近人、亲切随和，更能证实他从不居高自傲，而是非常贴近群众的。举例而言，那些大明星往往有很多粉丝，也有很多坚定不移的拥护者和追随者。假如他们清高孤傲，总是拒人于千里之外，那么他们必然不会人气很旺。相反，假如他们经常接近粉丝，甚至以自己作为调侃对象在见面会上与粉丝打趣逗乐，那么粉丝怎么会不继续坚定不移地支持他们呢！曾经，作为大明星的何润东，就以调侃自己的方式很好地应对了危机，也把自己宽容大度、风趣幽默的一面展示给了所有人。

2014年年初，《芙蓉镇》在北京杀青，举行了媒体见面会，导演携诸多演员到场。现场有很多闻讯而来的媒体对导演以及演员们进行了提问。作为《芙蓉镇》的主演，何润东当然受到了高度关注，对于每个记者的提问，他

都非常耐心地回答。然而，正当何润东满脸笑容地回答完问题时，一位记者突然站起来带着挑衅的意味问："前段时间，某知名网站进行了亚洲最丑明星排行榜，网友们进行了积极的投票。最终，吴莫愁被评选为最丑明星，位列第一，至于你——何润东，则紧随其后，位列第二，对此，你有何看法呢？"

随着这个问题的提出，大家都感受到现场充斥着火药味。毫无疑问，这个记者正在公然挑衅何润东。这个问题使人很难回答，一时之间，现场的导演和演员们也都不知道如何作答，因而现场马上陷入尴尬之中。出乎大家的预料，何润东非但没有感到恼火，反而面带笑容地说："当然，我知道这个榜单。看到自己能够博得大家的欢笑，这的确是使人高兴的事情。不过，让我唯一感到遗憾的是，我为何不是第一呢！假如我是第一，我也好歹在亚洲夺得了冠军，也不枉我这张脸多年来始终不离不弃地跟随着我。"

何润东话音刚落，现场就爆发出热烈的掌声，在场的人无一不为何润东的机智幽默所折服，也为他敢于自嘲的精神钦佩不已。

作为一个知名的男明星，居然被当着很多媒体的面指责为亚洲第二丑的明星，这无疑使人感到难堪和尴尬。尤其是当记者公然挑衅时，更让人无从回答。幸好，何润东内心足够强大，为人也非常宽容，再加上他的机智幽默，使他作出了最完美的回答。面对这个敢于自嘲以娱乐大众的何润东，每个人都在暗暗佩服他的勇气和智慧，也在赞赏他的幽默和风趣。这个居心叵测的问题被提出后，非但没有让何润东不知所措，反而给了何润东很好的机会展现自己的风度与气质，不得不说那个别有用意的记者完全打错了算盘。

在这个世界上，没有绝对完美的人存在。每个人在面对自己的弱点和不足时，其实完全没有必要妄自菲薄，或者感到自卑。因为不但我们有缺点，他人也是有缺点的，既然每个人都有优点和缺点，我们又何必为自己的缺点耿耿于怀呢！从现在开始，就让我们更加努力地面对人生吧，只要我们不自

卑，只要我们的内心足够强大，缺点非但不会成为我们的弊端，反而能够帮助我们娱乐大众呢！就连大明星何润东都能坦然接受他人的苛责，我们又有何不能呢？真正的强者不但敢于面对他人的挑衅，更敢于接纳和坦然面对自身的不足，这样才能更加从容不迫，淡定平和！

巧用比喻，幽默更具有才华

现代社会，很多人都意识到人际交往的重要性，也更加注重提升自己幽默的能力。的确，生活中处处都有幽默，也应该处处都充满快乐。不过，要想让幽默的形式更多，更生动，我们必须采取更多的方式表达幽默，这样才能让幽默具有永恒的生命力。

很多恰到好处、活灵活现的幽默，都是与比喻分不开的。众所周知，比喻是一种修辞方法，它是由本体和喻体组成的，特点就在于把本体和喻体的共同之处融合起来，使其成为和谐的对比与统一。当比喻被提升到一定高度时，就能够达到幽默的效果。因为它的和谐、相容、类比等运用往往能够打开人们的想象力，使人们忍俊不禁。无疑，这是比喻帮助人们更加形象贴切、生动准确地进行表达之外，一个次重要的效果。尤其是当我们的比喻非常恰当时，即便不加入笑点，也能给人们留下深刻的印象。因而朋友们，如果你们想要成为一个幽默的人，那么不仅要提升自己的文化素养和知识涵养，更要让自己变得有才情，对比喻信手拈来。这种情况下，再加上幽默风趣的语言，效果一定出人预料。大名鼎鼎的马云如今之所以威震互联网行业，除了他的才华和能力之外，也因为他非常擅长管理。每次给下属开会，他的风趣幽默都使下属很放松，他们之间和谐融洽的关系也使得下属能够以更加轻松自如的态度，面对他们的上司，从而在工作上有突出的表现。有一

次，马云在给下属开会时，就以唐僧的团队作为比喻，给下属们上了一堂生动的课。

大家都知道，有史以来，唐僧的团队是最好的团队，而刘备的团队则是百年不遇的团队。接下来，让我们先说说唐僧的团队。唐僧作为整个团队的领导人物，他的使命感特别强，他始终牢记着去西天取经的目标，从不放弃。唐僧看起来懦弱，实际上他的个性极强。对于唐僧这样的领导而言，语言的表达技巧并非那么重要，他是以慈悲见长的。诸如唐僧这种性格类型的人，很多企业里都有。作为唐僧的重要弟子，孙悟空不得不提。他能力超群，品德正派，但是他也有很多显而易见的缺点。每一个企业对于孙悟空这样的员工都是悲喜交加、又爱又恨的。除此之外，猪八戒是个懒惰的家伙，他总是蒙混过关，不愿意多出一点点力气。毫无疑问，没有任何企业欢迎这样的员工，但是这样的员工在每一家企业都是存在的。和猪八戒相比，沙僧则好多了，他老实本分，坚持做好自己的工作，从不偷奸耍滑。因而像沙僧这样的人，也就构成了企业的中坚力量。总而言之，唐僧的团队其实非常普通，也有着严格的规章制度。他们最终之所以能够取得真经，正是因为他们能够团结协力，战胜了九九八十一难。

对于唐僧而言，管理好这样的团队显然很难，因而他不得不提升自我，具备胸怀、实力和眼光。要知道，一个企业家如果目光短浅，是无论如何也无法做出辉煌的成绩的。

在与下属开会的时候，马云深入浅出，以唐僧的团队作为比喻，把企业中人员的分布情况说得一清二楚。虽然他通篇都没有刻意幽默，但是他如此贴切的比喻，一定会使当时正在开会的下属们心中暗自可乐。的确，和枯燥无味的会议相比，如此生动的会议当然备受欢迎，也能够调动起下属们开会的积极性和提升下属们对工作的热情。

其实，马云不仅使用唐僧的团队来比喻自己的团队，也曾经用婚姻比喻

艰难时期的阿里巴巴和投资者之间的关系，这样的比喻非常形象贴切，使听者很容易就明白了他的想法和态度。虽然我们无法做到像马云一样随时随地地幽默，随时随地地把比喻运用到幽默中，但是我们也可以尽量提升自己运用比喻的能力。诸如，我们平日里可以多多看书，开阔自己的视野，增加自己的知识储备。我们必须记住的是，任何人不管他说起话来多么字字珠玑，在此之前一定经历了漫长的积累。假如我们的思维非常僵硬，是无论如何也不可能说出浑然天成的比喻来的。

当然，凡事过犹不及，我们在运用比喻发挥幽默的能力时，也应该把握好度。我们所说的每一个比喻都应该准确贴切，而不能牵强附会；而且，还要适度。若我们过多地运用比喻，则很容易使人感到不知所云，尤其是当我们使用的比喻并非尽人皆知时，就会使我们的发言变得艰涩难懂。归根结底，我们表达的目的是向其他人传达我们的意见、想法、态度、观点等，不管我们使用何种方式，都不能舍本求末。唯有让我们的表达达到预期的效果，幽默才能起到锦上添花的作用。

修养深厚，才能妙手偶得幽默

每个人都希望自己成为幽默的人，成为人际交往中的焦点，并能够最大限度地发挥自身的聪明才智和风度气质。然而，幽默并非天生的，没有人生而就是妙语频出的幽默大师，更多的人都需要在成长的过程中不断努力，提升自我的修养，积累更加丰富的知识，并增加人生的阅历，才能开阔自身的眼界，锤炼自己的心智，使得自己做到淡定从容，机智幽默。

在公共场合，有些人一张口就会惹人恼火，别说是幽默地逗乐他人了，不因此闯祸就算阿弥陀佛。相比之下，那些出口成章、才情横溢的人，说起

话来不但头头是道，还能引经据典，幽默对于他们更是小菜一碟，信手拈来是常有的事情。那么，他们为什么这么幽默呢？这并不是爹妈生养得好。细心的人会发现，幽默的人往往有着深厚的修养。诸如现在我们的国家主席习近平主席，公开发言时总是出口成章，而且能够说出很多古代经典的典故，由此可见他的文化底蕴是多么深厚。当然，引经据典并非幽默必需的，只是其中的道理都是一样的。

一个人要想说话的时候滔滔不绝，就必须心中有话。就像小学生写作文一样，假如肚子里空空如也，如何能够写出内容充实的作文呢！说话也是如此，而且因为说话的时候往往没有时间进行深入思考，所以说好话甚至比写好作文难度更高。从这个角度来说，我们要想成为幽默的人，首先必须努力填充和提升自己。否则，一个知识贫乏的人，是无法具备以深厚修养作为基础的幽默能力的。

有一次，喜剧之王阿里斯托芬家里来了很多客人，正当阿里斯托芬与客人侃侃而谈时，他性格暴躁的妻子不知为了什么事情勃然大怒，冲着他大声叫嚷。等到过了一会儿之后，妻子居然从外面端起一大盆水，将其狠狠地泼到阿里斯托芬的头上。看到女主人歇斯底里的样子，在场的人们全都惊呆了，心想阿里斯托芬一定会为此大发雷霆的。不想，阿里斯托芬却面不改色地说："我早就知道，雷声过后一定会有大雨。"听到阿里斯托芬幽默的话，在场的人不由得哈哈大笑起来，原本紧张的气氛再次恢复活跃。不得不说，是阿里斯托芬的修养，使他具备了泰山崩于顶而色不变的幽默能力。

有一次，一位男子搭乘公交车出行。因为当时人多拥挤，所以在公交车一个紧急刹车之后，该男子无法控制地撞到一位年轻女子的身上。这个女子转过头来恶狠狠地瞪着男子，怒气冲冲地说："滚开，德性！"这位男子用手扶了扶鼻梁上的眼镜，毫不愠怒地说："实在抱歉呢，不是德性，是惯性。我的眼镜差点儿都从脸上甩出去了，实在抱歉，这个紧急刹车毫无征

兆。”听了男子的话，全车的乘客都哈哈大笑起来，为这个男子风趣幽默的回答叫好。那位年轻女子呢，因为男子以幽默的语言承认了错误，进行了道歉，所以她也怒气消散，理解地说：“是啊，都是刚才旁边的那辆车急转弯，才差点使我们站着的人都差点摔倒。”

在第一个事例中，假如阿里斯托芬没有修养，则他一定会当着所有客人的面和妻子大吵一架，导致客人们也无法继续在他家里做客。但是，阿里斯托芬不但非常幽默，脑袋转得也很快，他居然以雷声和大雨的关系，来比喻妻子先是发怒，继而端起水泼向他的行为，使得在场的客人们全都忍俊不禁，也暗自佩服阿里斯托芬的良好修养。在第二个事例中，面对年轻女子的斥责，男子也表现出了很好的修养，他没有为自己辩解，而是以“德性”和“惯性”这两个词语准确地解释了自己的行为，并且真诚地向年轻女子道歉。这样一来，只怕这个年轻女子再怎么生气，再怎么歇斯底里，也无法继续斥责他了，尤其是在全车人都发出善意的、理解的笑声之后。

一个幽默的人，一定不会歇斯底里，因为幽默的心指导他们一定要保持乐观和冷静，这样才不会失去机智和风趣。朋友们，当遭遇他人的指责或者质疑时，哪怕是在遭受委屈和误解的时候，也不要不顾一切地与人争辩，导致事情的结果恶化。既然我们能够采取幽默的方式解决问题，那么幽默当然是我们的首选，当你坚持以幽默的心态对待生活时，你会发现自己的命运变得截然不同。让我们学会幽默吧，让我们与欢笑相伴吧。任何情况下，我们唯有更好地发挥幽默的作用，才能拥有和谐融洽的人际关系，才能拥有幸福快乐的人生！

幽默配合情境，效果瞬间爆发

在语言表达的过程中，幽默并非独立存在的。正如很多细心的朋友所发现的那样，当我们欣赏一首独立的歌曲时，很难因为其中蕴含的感情而感动；但是当这首歌曲变成了某部电影的主题曲或者是某部电视剧的插曲时，在我们欣赏具体的影视剧情节之后，这首歌似乎也变得魅力无穷，更能够打动我们的心扉。难道是这首歌变了吗？没有，它的歌词、曲调等都没有改变，甚至连唱歌的人也都是之前的人。真正改变的是我们的心境，我们因为观赏影视剧的时候投入其中，注入感情，所以再听这首歌时也会情不自禁地想起影视剧中的情节，甚至还会联想到自己的生活，由此一来，我们怎能不深深感动呢！

和歌曲一样，幽默要想起到最好的效果，同样也需要配合情境。人是感性的动物，任何时候“情”都是我们为人做事的根本。现实生活中，很多人试图说服他人时，总是非常生硬，带着命令的语气。殊不知，没有人愿意被命令，也没有人喜欢接受他人发号的施令。真正的说服是以情动人，这样才能让对方心服口服。很多顶级的演讲家，都是因为善于营造情境，引起观众的共鸣，才使自己的演讲收获了预料之外的效果。因而朋友们，当你们常常为自己的幽默不能使人捧腹大笑而苦恼的时候，不如反思自身，是否让幽默在合适的情境中发挥了最佳的效果。如果你们还不曾做到这一点，那么一定要抓紧时间努力提升自我了！

李杜和妻子朱丽娟的孩子出生了，他们张罗着请满月酒。收到请柬的亲朋与好友们，全都带着礼物来喝孩子的喜酒。直到喜宴开始，他们共同的好朋友张军才匆忙赶来。张军双手奉上他给孩子的礼物，原来是一只名牌金笔。看到这份礼物，李杜不由得笑着说：“哥们啊，你这个礼物是今天绝无

仅有的，孩子才刚满月呢，你这礼物送得也太超前了。”

张军笑着说：“哥们啊，你和朱丽娟的孩子可是与众不同啊，我相信，你们的孩子一定会比其他孩子更早地用上这支笔。”看着李杜和朱丽娟费解的表情，张军接着说：“你们看看啊，我这个大侄子多么心急啊！他的爸爸妈妈才结婚五个多月，他就来到了人世，岂不是个心急的小家伙么！”听到张军当着所有亲朋好友的面说起这个，朱丽娟的脸色骤变。她和李杜的确是奉子成婚，亲朋好友们对这一点也心知肚明，但是她万万没想到张军居然会在如此隆重的公开场合这么开他们的玩笑。看到李杜和朱丽娟难堪的样子，另一个好朋友赶紧上前打圆场，这件事情才算结束。然而，等到几个月后张军结婚时，李杜和朱丽娟只是委托了好朋友带去礼物，因为他们再也不想见到张军了。

在这个事例中，张军虽然与李杜和朱丽娟都是好朋友，私底下什么过分的玩笑话都能说，但是在孩子的满月酒上，不但有亲戚朋友，更有他们夫妻的同事领导等重要的人物在场，张军的幽默显然来得不合时宜。最终，他非但没有逗得别人哈哈大笑，反而因此失去了两个朋友，张军和朱丽娟再也不愿意和说话没有分寸的他交往了。不得不说，张军为了一个不受欢迎的幽默，付出了太大的代价。

朋友们，我们每个人都希望凭借幽默风趣成为人群中的焦点，得到朋友们的认可和喜爱。然而，若幽默变得不合时宜，就会导致事与愿违，甚至造成严重的后果。任何时候我们都要记住，开玩笑或者是玩幽默，一定要分时间、场合与对象。在恰当的时间和场合下，也许一句平淡的话就能逗得人们捧腹大笑；而在不合时宜的时候，即便是再怎么好笑的幽默，也无法起到预期的效果。

第05章
说一千道一万，不如说些好话受人喜欢

§

每个人最喜欢听到的话，莫过于他人的赞美。因而在人际交往中，假如我们想与他人搞好关系，最好的方式就是多多赞美他人。偏偏生活中有些人总是喜欢哪壶不开提哪壶，也由此处处遭到他人的排斥和抗拒。这个看似很难解决的问题，其实只要我们调整心态，多多说些赞美的话，就可以顺利解决。需要注意的是，金无足赤，人无完人，要想做到由衷地赞美他人，我们首先应该拥有一颗发现美的心灵和一双发现别人优点的眼睛。只要我们常常发现他人的优点和长处，我们的赞美之词就会自然而然地从心间流淌出来。

§

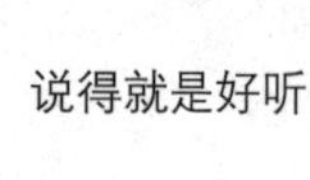

没有人拒绝赞美，赞美是人际交往的润滑剂

现实生活中，有很多朋友在与他人打交道的时候，总是觉得心虚。归根结底，是因为他们不了解他人的脾气秉性，所以觉得与他人无话可说，更怕自己一不小心说错了哪句话，就会导致对方非常气愤。实际上，这根本不是畏惧交流的理由，因为对于真正需要沟通的双方而言，提前了解并非那么重要。即便是面对初次见面的陌生人，只要我们能够把赞美的话说到对方心里去，那么对方就会对我们产生好感，接下来的沟通也会变得更加融洽。这就是赞美的魔力。

当然，尽管赞美对于人际交往而言是屡试不爽的润滑剂，但是赞美的话并非都能起到效果。要想用赞美成功打动对方的心，首先，我们应该掌握一个最基本的原则，即赞美一定要发自内心。若赞美流于形式，变得虚伪，那么对方也一定会有所感觉，甚至因为对这种阿谀奉承的赞美心生厌恶，以致对说出赞美的话的人也心生抵触。因而，只有说出真实的、发自肺腑的赞美之言，我们才能得到他人的认可和尊重，才能给他人留下好的印象，从而为彼此的良好交往奠定基础。

除了要真诚和言之有物之外，赞美还要恰如其分。夸大其词的赞美会使人感到虚伪，也使赞美者有拍马溜须的嫌疑。赞美还应该根据不同的时间、场合与赞美对象，采取恰到好处的表达方式。此外，赞美他人时一定要用心，如果一边赞美他人一边左顾右盼，就会给他人留下恶劣的印象。最后，

赞美不但要真诚，还要恰如其分。赞美是不能打折扣的，打折之后的赞美不但言辞缩水，效果也会大大缩水。因而当我们赞美他人时，一定要怀着真心，而且要不厌其烦。要知道，你用心说出的每一句赞美之词，都能在对方心里绽放。总而言之，赞美不是一件简单容易的事情，唯有端正态度，赞美对方，才能达到预期的效果。

正值周末，也是宠物的接种季节，很多人都带着心爱的宠物来到动物医院接种。当天的值班医生忙忙碌碌，始终没有休息的时间。忙碌之余，当他无意间抬头看向外面的候诊室时，不由得感到非常压抑。原来，候诊室里坐满了人，他们都抱着小小的宠物，当他们看着宠物的时候，脸上满是慈爱，但是他们对于彼此，却都非常冷漠。整个候诊室静悄悄的，鸦雀无声。

不久之后，有位年轻的少妇一手推着婴儿车，一手抱着一只吉娃娃走了进来。她坐在与一位中年男士相邻的位置上，也面色冷漠，看起来丝毫不准备打破候诊室的沉默。她坐下来没多久，婴儿车里七八个月大的婴儿，突然对着那位男士咧开嘴巴笑了。男士也情不自禁地展现出笑容，开始逗弄这个孩子，并且对少妇说："你家的小宝宝几个月了，看起来可真可爱啊，眼睛大大的，头发还有些自来卷，就像个美丽的洋娃娃一样。"听到这句对自己孩子的赞美，少妇的脸上也挂上笑容，回答道："他再过几天就八个月了，特别爱笑，看到谁都笑。""这样才好啊，招人喜欢。"男士赶紧说，"现在小婴儿越来越少，看着真是稀罕人啊！"少妇说："是呢，从呱呱坠地，似乎一转眼就要八个月了，再一转眼，就长大了，该淘气了！"就这样，少妇和男士你一言我一语地聊了起来。很快，候诊室里响起了轻声的交谈声，其他那些候诊的人也开始交流起来。

在这个事例中，婴儿的微笑打开了男士心中冰封的大门，男士由衷的赞美，也使女士感到非常高兴。有了这样好的开始，他们才有了接下来的交谈，彼此之间也更加融洽和谐。其实，人与人之间的距离并没有我们想象得

那么远，只要人们想要彼此接近，也愿意说些好听的话愉悦他人的耳朵，人际关系就会变得更加简单纯粹，人与人之间的感情也会更加美好纯真。

需要注意的是，面对我们的赞美，有的时候对方会表现得很谦虚。恰恰是这份谦虚，很容易削弱赞美的力量。在这种情况下，我们更要强调自己的赞美，并且表现出足够的真诚和友善。有的时候，重复一遍自己的赞美，也能够起到很好的效果。

赞美的话一定要得体，才能事半功倍

随着人际关系的地位越来越高，在人际交往中擅长赞美的人也越来越多。然而，很多人的赞美都无法达到预期的效果，甚至因为赞美的时候夸大其词、侃侃而谈，导致事与愿违。尤其是在现实生活中，有很多喜欢赞美他人的人都被冠以“马屁精”的称号，不得不说，他们是因为没有把握好赞美的度。所谓凡事皆有度，过犹不及，赞美也是如此。任何情况下，赞美都必须恰到好处、适度得体，如此才能起到事半功倍的效果。

作为著名的心理学家，席莱曾经说过，我们每个人都渴望得到别人的赞美，并且非常害怕遭到别人的指责。细心的朋友们会发现，现代社会的人们越来越擅长赞美，而且赞美的方式也多种多样。不得不说，这对于人际关系的建立和发展而言，是一件好事情。赞美不但能够使人际关系更加融洽，也能够帮助我们拥有丰富的人脉资源，甚至对于我们的人生都将起到至关重要的作用。

作为一名销售人员，豆豆已经进入公司三个多星期了，却始终没有成功地推销出去一件化妆品。究其原因，并非因为她不够努力，也不是因为她不了解产品，最根本的原因竟然是，她不会赞美。

比如今天上午，柜台上来了一位老年的女性顾客。这位女性看起来大概五十岁左右，皮肤白皙，不过上面有着淡淡的雀斑。在为这位顾客推荐商品时，豆豆拿出了好几套符合中老年肤质的护肤品。这位顾客说："这个产品能祛斑吗？我也不知道是怎么了，最近长出了好多雀斑呢！"这时，换作其他经验丰富的推销员，一定会说："您可不老，看看您的皮肤多么白皙啊，比我们年轻人可白多了呢！"豆豆却不合时宜地说："阿姨，您今年有六十岁了吗？对于您这个年纪来说，您的雀斑已经很少了。我奶奶当年六十多岁的时候，长出了好多老年斑，一大块一大块的，根本去不掉。"可想而知，这位爱美的顾客在听到豆豆不合时宜的赞美之后，心里该有多么窝火啊！正是因为每次赞美的时候都说不到点子上，所以豆豆常常把购买欲望强烈的顾客弄得毫无兴致地走开，再也不想听豆豆说话了。

在这个事例中，作为一名销售人员，豆豆正是因为不会赞美顾客，所以导致销售业绩非常差。众所周知，销售主要的工作就是与人沟通，如果不能做到这一点，又如何与顾客产生共鸣呢？如此自然得不到顾客的理解、信任与认可。从豆豆的身上，我们可以吸取经验和教训，即赞美别人时一定要讲究方式方法。正如卡耐基所说的，在与人交往时，我们必须学会正确的方法，坚持尊重他人的原则，这样才能最大限度地减轻对他人的伤害。任何人际关系建立的基础，都应该是彼此尊重，相互理解和体贴。

从心理学的角度而言，每个人之所以都希望听到赞美的声音，就是因为希望得到他人的认可和尊重，希望得到社会的肯定。因而，一句简简单单的赞美的话，尽管听起来没有什么过人之处，却能极大地鼓舞他人，使他们从我们的赞美之词中得到巨大的力量。这完全符合马斯洛的需求层次理论。现实生活中，当我们学会发现他人的优点，也学会赞美他人时，我们的人缘一定会越来越好，我们与他人的交往也会更加顺利。

恰到好处地“戴高帽”，效果出人意料

虽然说大家都知道“戴高帽”并非是好的行为，但是实际上每个人从内心深处来讲，都迫不及待地想要被“戴高帽”。所谓戴高帽，其实就是奉承和逢迎他人，略微夸大其词地赞美他人。当然，过于夸大其词的赞美是不好的，甚至会招致他人反感，但是适度夸大其词的赞美，则能够让他人感受到自身的重要性，甚至对于给自己戴高帽的人，也会产生好感。由此可见，在人际交往中，如果我们想要迅速与他人拉近关系，适当地给他人戴高帽也无不可。

现实生活中，有人把戴高帽和谄媚混为一谈。其实，戴高帽与谄媚之间的区别就在于度。凡事皆有度，只要把握好度，就不会导致事与愿违。当然，送出高帽子也是需要技巧的。不但要讲究时机，更要根据对方的脾气秉性，给对方量身定做一顶最恰到好处的高帽子。举例而言，一个人戴帽子，如果太大了，会把眼睛耳鼻都遮挡住；反之，如果帽子太小了，又无法戴得牢固，也许还会被嫌弃太小了，招致遗弃。从这个角度而言，帽子只有不大不小，才能在头顶上保持合适的深度，也才能牢固地戴好。此外还要注意，高帽子并非送出去越多越好，尤其是对于同一个对象，过多的高帽子只会导致对方心生厌倦。只有在关键时刻送上合适的高帽子，才能起到事半功倍的作用。

很久以前，有个学子费尽辛苦，好不容易考中了进士，得以在京城为官。然而，京城太大了，人才济济，像他这样的小官数不胜数，思来想去，他决定去天高皇帝远的地方上当官，这样也能拥有更大的权限。经过四处托关系，他终于如愿以偿。在离开京城上任之前，他特意去拜访自己的老师，向老师告辞。

他的老师曾经也当过地方官，深知地方上人际关系复杂，因而特别叮嘱他说："地方官也不是那么好当的！到了地方上以后，你一定要谨言慎行，千万不要随便得罪人，否则到时候遇到祸患，还不知道是怎么回事呢！"学生听了之后，说："老师，您放心吧，我知道地方官难当。我已经准备好了一百顶高帽子，到时候见人就送出去一顶，只要我对他们曲意逢迎，难道他们还会跟我过不去吗？"听了他的话，老师马上生气了，怒气冲冲地说："你怎么能这么想呢！我这个人平生最恨的就是阿谀奉承，曲意逢迎。我让你多多留心人际关系，不要得罪人，也并没有说让你随波逐流，失去自己的主见和原则啊！这样，你还如何能够当好百姓的衣食父母官呢！"看到老师生气的样子，学生赶紧补救："学生谨遵老师教诲。现在世风日下，像老师这样清正廉洁、刚正不阿的官员，真是越来越少了呢！"听了学生的话，老师不由得转怒为喜，说："嗯，你这话还有几分道理。"

从老师家出来之后，学生暗自得意地说："哎，还没有离开京城，我的高帽子就只剩下九十九顶了，不知道到了地方之后能不能够用呢！"

在这个事例中，老师是不喜欢学生变得流于世俗的，但是在听到学生的赞美之词之后，老师在不知不觉中高兴地接受了这顶高帽子。这就是人的本性。人人都喜欢戴高帽，就像人人都喜欢赞美一样，这是无法改变的。因而在人际交往中，戴高帽几乎成为杀手锏之一，不但能够帮助我们得到他人的认可和好感，也能够帮助我们化解与他人之间的不愉快。所以，学会戴高帽，才能让我们的社会交往更加顺遂如意。

即便如此，我们也不能随随便便就给他人戴高帽。所谓戴高帽，尽管有夸大其词的成分，也应该是尊重现实的。倘若我们在给他人戴高帽时，总是不管不顾地随便乱说一气，则一定会贻笑大方。这就像是赞美缺乏事实根据一样，久而久之，也必然因为缺乏含金量和真诚的心，招人厌恶。要记住，恭维的话不是廉价的商品，因而不能随意使用和丢弃。即便是在奉承别人，

我们也要秉承客观公正的态度。否则，明明知道自己说的是假话，还信誓旦旦，岂不可笑吗？从本质上来说，戴高帽就是美丽的谎言，我们要把谎言说得美丽，而不能说得不堪入耳。只有能够把夸大其词中假的成分说得和真的一样，才是把戴高帽的技术练得出神入化了。

职场人士，一定要学会赞美领导

每个人天生都喜欢听好话，不管这个人的身份是高是低，也不管这个人的成就是大是小，总而言之，喜欢听好话是人的本性。当听到他人发自内心的赞美时，我们即便嘴上说着谦虚和否定的话，心里也一定是喜滋滋的。因而，面对他人的赞美，我们总是情不自禁地对他人产生亲近的感觉，这也为彼此间的交往奠定了良好的基础。

喜欢听到赞美，不仅适用于普通人，也适用于职场，适用于领导。众所周知，人在职场，一定要与自己的顶头上司搞好关系，才有可能得到上司的信赖和赏识，才能使自己的职业生涯得到更好的发展。由此可见，学会赞美领导甚至关乎到我们的职业命运，对于我们的人生前途也影响深远。

喜欢听到赞美的话，不但是人的本性，也是人性的弱点。尤其对于领导来说，更希望得到下属的赞美，这样才能满足其作为领导的优越感和权威感。因而作为职场人士，要想在职场上获得长足发展，学会赞美领导是十分重要的。很多时候，我们因为工作的事情需要与领导交涉，得到领导的批准，在这种情况下，赞美领导同样能够使难题迎刃而解。从某种意义上说，赞美就像是糖衣炮弹，是每个人都无法抗拒的。

乾隆时期，大臣刘墉才思敏捷，能言善辩，深得乾隆皇帝的宠爱。有一次，乾隆皇帝去承德的“避暑山庄”避暑，刘墉也一起陪同。

一天，乾隆皇帝信步走进大佛寺，看到弥勒佛挺着个大肚子正在冲他笑呢，因而心情大好，问刘墉："刘爱卿，弥勒佛为什么对朕笑呢？"

刘勇回答："启禀皇上，您是文殊菩萨转世，是活佛，所以佛见佛笑！"刘墉就这样把这顶高帽子送给了乾隆，乾隆高兴极了。这时，乾隆又问："那么，弥勒佛见到你为什么也笑呢？"刘墉没想到乾隆会提出这个问题，眼珠子咕噜噜一转，说："佛是笑臣不是佛。"

在这个事例中，刘墉赞美乾隆皇帝是活佛在世，又说佛笑他不是佛，由此抬高乾隆皇帝，贬低自己，从而巧妙自然地赞美了乾隆皇帝。由此一来，乾隆皇帝心里高兴，自然也就更加喜欢和赏识刘墉。就连高高在上、贵为天子的皇帝，都喜欢臣子的恭维和奉承，更何况普通人呢！现代职场，作为下属，我们一定要学会赞美领导，这样才能使自己的职业生涯一帆风顺。

当然，需要注意的是，领导之所以成为领导，一定是因为其有着独特的过人之处。在赞美领导的时候，下属一定要注意言辞，有些方面是可以赞美的，而有些方面下属根本没有资格赞美。因而，在赞美领导之前，我们必须谨慎思考，想出有价值的赞美之词。否则，赞美一旦泛滥，也就完全失去了意义。其次，在赞美领导的时候，还应该提前加深对领导的了解，虽然每个人的天性都是喜欢得到赞美，但是也不乏有些领导非常厌恶阿谀奉承的下属。如果因此得罪领导，可就得不偿失了。此外，还需要注意的是，赞美要言之有物，有事实依据，而不能一味地拍马溜须。诸如，对于领导的不足，我们可以避而不谈，但是不要睁着眼睛说瞎话，非要把领导的缺点说成是优点，这样即便是再喜欢听恭维话的领导，也会了解你的功利之心。总而言之，恭维不是无原则的奉承，欣赏也不是没有底线的谄媚。我们只有真心地肯定领导的某个优点，才能赞美领导，与此同时更要给予领导真实中肯的评价，这样的赞美对于领导才是有意义的，也必然引起领导足够的重视。此外需要注意的是，在领导面前千万不要故作高深，否则你自以为是在坚持原

则，却会给领导留下清高孤傲的感觉，最终难免事与愿违。总而言之，人在职场，作为下属，我们与领导之间的关系是非常微妙的，必须用心地处理好，才能与领导保持良好的关系，也为我们的职业生涯发展创造有利的环境。

第06章
“说什么”很重要，但“怎样说”更重要

§

没有人的人生会是一帆风顺的，任何人在人生的漫长旅途中都难免会遇到各种各样的困难，也会遭遇意想不到的困境。有的人生活上不如意，有的人感情上不顺利，也有的人工作上无法实现自身的价值，当然其中也不乏一些凭空捏造出来的坎坷困境……总而言之，没有人的生活只有甜蜜，没有痛苦。要想更好地面对生活，我们就要学会摆正心态，以乐观的心态面对人生，以积极的方式拥抱人生。尤其是在日常生活中，更要以积极的言谈对待人生，这样我们才能收获更加幸福美好的未来。

§

抱怨，只会使事情越来越糟糕

生活中，有很多人都喜欢抱怨。他们抱怨父母没有给自己高大挺拔的身材和英俊秀丽的容貌，抱怨父母没有给他们创造良好的条件，使他们生而衣食无忧，还抱怨身边的每一个人，诸如抱怨朋友对他们不够真诚，抱怨领导对他们不够赏识……对于爱抱怨的人而言，生活和工作中的确有着太多值得抱怨的点点滴滴，然而，抱怨最终的结果是什么呢？也许在抱怨的当时，人们的确因为一时的发泄感到内心深处非常畅快，然而等到抱怨之后，却发现事情并没有任何好转，而自己也因为抱怨耽误了宝贵的时间，导致失去尽快处理好问题的好时机。如此一来，抱怨的结果只能是使事情越来越糟糕。

很多人一旦习惯了抱怨，即便对于圆满幸福的生活，也会觉得不满足。他们不但在心里默默地抱怨，还会把抱怨在身边四处散播，由此也影响了身边人的人情，使自己无形之中成为一个传递负能量的人。在这种情况下，身边的亲人朋友甚至包括同学同事，必然远离他，由此一来，他还如何能够拥有良好的人际关系呢？有的人甚至还会因此失去丰富的人脉资源，变成孤家寡人。众所周知，现代社会中人脉资源是非常重要的资源，假如缺少人脉资源，人们的生活和工作或多或少都会受到影响，特别是需要贵人相助的时候，贫瘠的人脉资源更会使我们变得举步维艰。由此可见，抱怨非但于事无补，反而会导致事与愿违，使我们的生活面临更大的窘境，实在是得不偿失。

很久以前，有个年轻的农夫划船出行，他要给附近村子里的居民运送自家种植的土产品。那是盛夏的一天，天气非常炎热，农夫汗流浃背，郁闷不已。他着急地划着小船，在水面上飞速前进，他恨不得马上就完成自己的工作，这样才能赶在天黑之前回到家里，与家人团聚。

正当农夫拼命地划船逆流而上时，突然看到对方顺流而下一只小船。那只小船的速度非常快，看到农夫的船正在艰难地逆流而上，小船居然丝毫没有减速，而是继续以飞快地速度向下游驶来。农夫不停地喊着：“停下，停下！减速，减速！让开，赶紧让开，你这个可恶的家伙！”然而，不管农夫怎么喊叫怒吼，那只小船就是毫不减速。虽然农夫手足无措地试图让开水道，但是那条小船依然无可避免地撞到了农夫的船上。随着沉重的撞击声，农夫险些掉进水里，他恶狠狠地诅咒着，却突然惊讶地发现，那只船里空空如也，根本没有人。

农夫怒目圆睁狠狠咒骂的小船，居然是一条空船，这使农夫感到非常悲哀。的确，他的一切愤怒、诅咒和咒骂，都像是打在棉花上一样，根本没有回应。这使他不得不独自承受自己的一切负面情绪和抱怨带来的后果，除了他自己之外，没有任何人是受害者。虽然这只是一个古老的寓言故事，却为我们揭示了深刻的道理。

生活中，我们很多时候也去抱怨，归根结底，不是因为我们没有得到命运的眷顾，而是因为我们对于人生有太多的苛求。因而朋友们，不要再抱怨下去了，也不要再向身边的人抱怨命运的不公平。任何情况下，我们只能得到最亲近的人的关注，每个人都在忙于自己的生活，很少有人真正关注和在乎我们。既然如此，我们为何不振作起来，努力面对困境，迎难而上，最终彻底超越困境呢！唯有我们的心不再失落，我们的人生才能变得璀璨辉煌。

当然，对于一个已经习惯了抱怨的人而言，摆脱抱怨也并非是轻而易举的事情。首先，我们要调整好自己的心态，让自己端正地对待命运的一切恩

赐。所谓心若改变，世界也随之改变，我们只有拥有积极乐观的心，才能让人生变得奋发向上。其次，我们还要努力地在自己的周围传递正能量。每个人都是社会的人，每个人都有属于自己的生活小圈子。当我们因为抱怨把负能量传到自己的生活圈子里时，无形中也会影响其他人，导致其他人也和我们一样感到沮丧失望。在这种情况下，我们一定要学会向身边的小圈子传播积极的正能量，这样我们身边的人才会感受到积极乐观的情绪，从而使整个小圈子都进入良性循环之中，彼此鼓励，从而营造乐观的氛围。总而言之，我们唯有成为一个不抱怨的人，才能处处受欢迎，才能彻底改变自己的命运，让自己快乐、充实、幸福、乐观。

真诚地说话，是人际交往的第一要义

现实生活中，有很多人都追求高调奢华的生活，甚至在言行举止间也透露出不可一世的劲头。实际上，这样的清高孤傲非但无法得到他人的认可和肯定，还会因为高处不胜寒，导致生活受到影响，也令自己陷于寂寞。当然，适当地拔高自己是可取的，然而一旦驶入了错误的方向，连说话都非常高调，就未免使人心生厌恶。所谓高调做事，低调做人，言行举止恰恰是做人的基础。一个人要想得到他人的尊重和赏识，最重要的是做事情的时候能够把握更高的原则和底线，而并非在日常生活中表现出不可接近的样子。此外，还有些人特别喜欢吹嘘，他们不管走到哪里，也不管和什么人说话，总是喜欢无限度地夸大其词，最终扭曲事实，把自己说得无比高大，使人只能仰视。众所周知，平视是人们最喜欢的观察视角，因此，又有谁愿意始终仰视着和一个人交往呢！由此一来，对于总是需要仰视的人，人们自然会选择远离。

一个真正的语言高手，并非多么地巧舌如簧，纵观历史上那些伟大人物成功的演讲，我们也可以发现成功演说的秘密，即真诚朴实。一个人要想用语言征服他人，夸夸其谈是要不得的，唯有真诚和朴实，才能让他说出来的话更加打动人心，才能让他的人生更加低调坚实。尤其是当他用朴实无华的语言说出那些深刻的人生道理时，更会产生让人惊心动魄的效果。这就是强烈的对比与反差，也是语言的至高境界。

在很多人的心目中，马云无疑是非常高调的人，他创造了互联网销售业的传奇，在世界历史上也留下了大名，更别说是在中国的互联网界了。对于这样一个把自己的名字写入历史的人，人们理所当然地觉得他是高调的；实际上，了解马云的人都知道，马云是一个非常低调的人。他经常在公开的场合进行演讲，也常常对下属们发表言论，然而，他从不高冷，而习惯以最朴素无华的语言，打动人们的心。他的语言总是非常真挚，代表着他的真诚友善，也使他人情不自禁地打开心扉，与他进行最真诚的交流。正因为如此，马云才能成功地把自己的意见和观点传达给他人，也使他人真正做到心服口服地接受。对于诸如马云之类的现代社会的成功者而言，他们的成功都离不开良好的表达。

细心的人还会发现，人们总是远离那些喜欢吹嘘夸大的人，而喜欢与真诚自然的人交往。因此，说话诚挚友善的人，更容易建立良好的人脉关系，拥有丰富的人脉资源，这对于人们在现代社会的生存与发展是很有好处的。因而朋友们，虽然我们不是马云，也难以像马云那样获得巨大的成功，但是多条朋友多条路，没有任何人能够在现代社会独自生存。所以，让我们真挚地表达吧，为自己赢得更多的朋友，相信我们呼朋唤友的人生将会变得不同。

为了提升自己，张宇报名参加了这次经理人培训班。当然，提升自我只是张宇这次学习的首要目的，他还有次要目的，即在这个培训班上结识更多

的人，从而拓展自己的人脉关系。为此，张宇在上课的第一天就抱着明确的目标。

其实，培训班里和张宇有着同样目的的人还有很多。在课间时，大家都在不约而同地忙着交换名片等。对此，张宇并不盲目。他和几个人建立了比较好的同学关系，但是他并没有急于发展。张宇想要考察一番，毕竟交朋友并非简单的事情，一个好朋友也许会对我们的生活事业都起到重要的影响。果不其然，经过一段时间的观察之后，张宇发现这几个人中有一个人特别喜欢夸夸其谈，明明只是个小小的部门经理，说起话来却像个大老板一样，总是对别人的意见不屑一顾，也总是把自己抬得高高的，从来不把任何人看在眼中。相反，这几个人中的老张则非常低调。按资排辈，老张是企业的副总，是他们之中混得最好的，在企业里真正地一人之下万人之上。然而，老张很谦逊，虽然身居高位，身家过亿，但是言谈举止都非常真诚，诚挚自然。例如，当张宇向老张请教如何突破发展瓶颈时，老张从自身的经验出发，再结合如今企业管理者对于人才的希翼，给张宇提出了切实中肯的建议，使张宇感到获益匪浅。

就这样，经过一段时间的筛选，没有四处发名片的张宇集中所有精力与自己中意的人交往，居然交到了几个真朋友。他们不再仅限于上课时的几面之缘，已经能够在课下抽出闲暇的时间一起喝喝酒，唱唱歌了。这样一来，张宇真正实现了自己的目的，也如愿以偿地获得了有用的朋友，说不定这些人日后还会成为他的贵人呢！

在这个事例中，张宇没有漫无目的地结识他人，而是根据自己的观察，寻找说话真挚的人结识，最终找到了几个好朋友。从这样有的放矢的行为中，我们可以看出张宇的明智。当然，面对真诚的朋友，张宇说话也很真挚，所以大家才能惺惺相惜。

朋友们，虽然我们未必有机会结实那些有权有势有成就的人，但是在现

实生活中，作为普通人，我们也依然需要与他人结交。其实，不管是普通朋友，还是知心朋友，彼此间的真诚交流都是必不可少的。假如说话变成了一场“秀”，那么交流也就失去了意义。人生短暂，光阴宝贵，任何时候我们都要真诚地与人交流，这样才能得到同样的回报，才能获得丰厚的收获。

说服必须攻心，心服口服才是真服

生活中，因为每个人的人生经历、教育背景和生活阅历、各种观念都不完全同，因而在彼此之间交流的时候，难免会因为意见、态度不统一而面临分歧。在这种情况下，每个人都想要坚持自己的观点，说服他人，因而说服就成为我们必须面对的难题。

也许有人会说，说服没什么难的，只要我们陈述自己的理由，就能够让他人改变观念。这是完全主观的论调，也根本是站在主观立场上才这么说的。要知道，当你觉得自己的观点是正确的，而且不由分说想要别人接受你的观点时，别人并非如同你想象中的那样认为自己是错的，相反，他们也和你一样认为自己是正确的，因而也迫不及待地想要说服你。对于这样两个人都各执一词，想要说服他人的情况，说服的难度将成倍增长。也许你身居高位，或者是权威人士，能够强迫他人接受你的意见和观点，但是这样的说服并非真的说服，因为对方很有可能口服心不服。真正的说服，必须能够从心底里打动对方，使对方心服口服。由此可见，攻心才是说服的要义。

作为一名二手车经销商，马丁带着一名顾客看了很多的车子，但是那位顾客始终不满意，不是挑剔车子这里不好，就是挑剔车子那里不合适。总而言之，他总是能够鸡蛋里挑骨头，找出车子不好的地方。在这种情况下，马丁并没有嫌弃顾客只愿意花很少的钱，却穷酸讲究，对于车子提出那么苛刻

的要求的作为。为了做成这单生意，他改变策略，决定换一种新的想法。

有一天，一个姓张的客人开来一辆旧车子，原来这位客人想要换新车，因而把旧车开来给马丁代卖。在与张先生说好成交之后再按比例提佣后，马丁赶紧打电话给那位挑剔的顾客，并且请求顾客帮忙长长眼睛，看看这辆车到底价值几何。马丁对顾客说："你是个买主，非常精明，更懂车子。我想请您帮我试试这辆车子的性能，再给估个价。"顾客很高兴，因为被马丁当成是专家，令他觉得面子上有光。因而，他二话没说就开始认真地试车，而且对车子进行了全方位的审查。后来，他认真地对马丁说："这个车子还不错，假如有人能够以贰万元的价格买下它，还是很划算的。"听到这句话，马丁趁热打铁，说："如果车主愿意以贰万元的价格把车子卖给您，您愿意买吗？"顾客想了想，点点头。就这样，马丁轻松地做成了这笔生意。

在这个事例中，面对这个难缠挑剔的客户，马丁之所以能够最终达成交易，正是因为他把握住了客户的心理。他知道自己无法说服客户，因而不再向客户推销车子，而是把主动权交给客户，让客户以专家的身份审查这辆车子，并且自己定价。就这样，对于自己的决定，客户当然不再排斥，因而很容易就下决心购买车子。不得不说，马丁的销售策略非常高明。

现实生活中，我们每个人都有需要说服别人的时候。这时，一定要记住不要强迫他人，而应该努力打动他人的心，使他人心服口服地作出明智的决定。所谓口服不如心服，巧辩不如攻心，最高明的说服者一定能够彻底改变对方的想法，使对方心甘情愿地接受他的意见和观点。这样的说服，效果也是最好的。

顺其自然地生活，发乎内心地表达

为了能够给他人留下好印象，得到他人的认可和赏识，很多人都会刻意掩饰自己的缺点和不足，而把自己最好的一面呈现给他人。他们非常在乎别人的说法，也总是为了得到他人的赞赏而改变自己。日久天长，他们就会渐渐地失去自我，让自己变得人云亦云。其实，这样的做法并不好，自古以来，东施效颦，邯郸学步，都给人留下笑柄，贻笑大方。

毋庸置疑，每个人都有自身的特点，也有自己的优点和不足。不管我们多么努力，多么优秀，最终都无法得到所有人的认可。在这种情况下，与其失去自我、不停地改变，不如坚持做自己应该做的，成为最好的自己。这样一来，反而能够活出精彩的人生。

正如一位名人所说的，世界上没有两片完全相同的叶子，也不会有两个完全相同的人。任何时候，我们都要坦然面对他人的不同，也要接纳自己的不足。每个人都是世界上独一无二的个体，每个人在看待他人的时候，也总是从自己的主观角度出发。因而我们既不要对他人指手画脚，也不要对自己过于苛责。活着，我们就要做好自己，遵循自己的本性去生活，发自内心地表达自己的心声。这样才能拥有真实无憾的人生。

刚上幼儿园的熊熊，就学会了世故。对于只有五岁的他而言，这原本应该是一个率性而为的年纪，但是在老师统一的模式化教导下，他变得有些虚伪。

这个星期天，熊熊家里来了客人，是爸爸的同事带着孩子琪琪一起来做客了。琪琪才六岁，和熊熊刚好能玩到一起去。起初，他们俩玩得很好，也很开心。但是后来因为争夺一个玩具，他们产生了冲突。这是一辆托马斯的火车头，琪琪很想玩，但这是熊熊最心爱的玩具，平日里自己都不舍得玩

呢！看到琪琪眼馋的样子，熊熊表示了拒绝。不过，琪琪坚持要玩，由此他们吵了起来。听到争吵声的爸爸们闻讯赶来，熊熊爸爸问："熊熊，琪琪是你的小客人啊。在幼儿园里，老师有没有教你如何招待客人呢？"在爸爸的提醒下，熊熊噘着嘴巴说："老师说，要礼貌地招待客人。"爸爸继续说："对啊，老师都说对待客人要礼貌，那么你怎么能和客人吵架呢？"熊熊又说："但是，我舍不得玩托马斯……"爸爸不由分说地说："玩具就是用来玩的啊，你要成为礼貌待人的小主人！"熊熊心疼不已，万分不舍地把托马斯火车头交给琪琪，眼泪却啪嗒啪嗒地掉下来。这时，琪琪爸爸说："老张，不要勉强孩子，弄得他们口是心非。"说完，琪琪爸爸对琪琪说："宝贝，这是熊熊弟弟的玩具，他平日里自己都舍不得玩呢，你也不要玩，你和熊熊弟弟一起玩其他玩具，就光看看这个托马斯火车头好不好？"琪琪懂事地点点头，说："嗯，我也有些玩具舍不得玩。那么，咱们就一起看看吧，熊熊弟弟。"

在这个事例中，作为主人，熊熊爸爸当然想招待好同事和同事的孩子。他也许对于这个托马斯火车头的玩具不以为然，却没有想到熊熊把这个玩具看得很重要，自己都舍不得玩呢，当然也舍不得给别人玩。对此，父亲应该尊重孩子的心理感受，不能强迫孩子，更不能以礼貌、道德等绑架孩子。

在现实生活中，我们因为从小就习惯了被礼貌、道德等绑架，所以常常做出违心的事情，碍于面子，勉强自己，心底里却始终迈不过去那个坎，以致自己很难受。在这种情况下，我们最应该做的就尊重自己的内心，说出自己的心声，这样才不至于委屈自己。

朋友们，隐藏自我并非是成熟的表现，率性真诚，才能拥有无憾的人生。要知道，虽然世故能够帮助我们圆滑处世，但是很多世故的人都失去了快乐，因为他们做的根本不是自己。做人，真实、随性，才是最好的。从现在开始，让我们把心态放松，再也不要为了取悦别人，而刻意逢迎别人。也

许真实的我们得不到每个人的喜爱，但是真实的我们却能够成就属于自己的人生。

言谈间的真诚，让你得到他人信赖

人与人的交往离不开语言的真诚，唯有话语真诚，我们才能给他人留下良好的印象，才能得到他人的尊重和信赖。现代社会，因为网络的发达，流行语层出不穷。细心的人会发现，最容易流行起来的，就是那些接地气的话。越是具体生动、贴近生活的语言，越是容易为大众所接受，也就越是能够得到大家的喜爱和传递。与这些生动的语言相比，那些大而空洞的话，很难得到人们的认可。

不管是对陌生人，还是对熟悉的人，都不能把话说得空洞乏味。否则，一定会使听者感到厌倦，也无法如愿以偿地表现出说话者的高端大气。也许有些人会说，想要把话说得真诚入耳，就一定要降低品味吗？这完全是两码事。亲切的话语，不但要注意语气，也要注重内容。当我们不再自视甚高，而是说些贴近生活的话题与内容时，就一定能够获得普通人的欢迎和关注。尤其是对于初次见面的陌生人，假如你一张口就说得人云里雾里，甚至让对方根本听不懂你在说什么，无疑是巨大的失败。

作为一名重点中学的老师，刘芸得到了所有家长的认可和喜爱。大多数家长都觉得老师是高高在上、难以接近的，而刘芸给家长的感受却是平易近人，言谈举止间都流露出真诚，而且能够设身处地地为家长和孩子着想。

比如今天下午，刘芸通知小豆的家长来学校里就孩子的学习问题进行沟通。很多家长一接到老师的通知就感到心惊胆战，生怕老师在批评孩子的时候，顺带着把家长也批评了。不过作为刘芸学生的家长，小豆妈妈高高兴兴

地就来了。她喜欢听刘芸说话。

看到小豆妈妈，刘芸说："小豆妈妈，小豆最近在学校里的表现还是很不错的，各个方面都很好。"小豆妈妈连连点头，心花怒放，这时，刘芸继续说："不过，最近春天来了，天气比较温暖，孩子很容易犯困。我发现最近小豆经常在上课的时候打哈欠，精神状态不是很好。我想，您可不可以安排她晚上早一些睡觉，来度过春困的这段日子呢？至于课外补习班，也尽量安排到周末上。咱们作为父母，虽然要重视孩子的学习，但更要重视孩子的身体健康。孩子才八九岁，正是长身体的时候，您说呢？"听到刘芸的话，小豆妈妈连连点头，说："老师，您说得对。您真是太好了，比我们这些当妈的更细心呢！孩子有您这样的老师，是她的福气呢！我马上就调整作息安排，保证让孩子拥有充足的睡眠。"就这样，在刘芸老师恰到好处的表达下，小豆妈妈高高兴兴地接受了她的建议。

在这个事例中，刘芸老师并没有像大多数老师那样给家长下达命令，传达旨意，而是从妈妈的角度出发，设身处地为孩子着想，成功地把话说到了妈妈的心里去。这样一来，妈妈丝毫不觉得刘芸老师是对孩子上课打哈欠感到生气，而是觉得老师是在真诚地关心孩子，不得不说，这样的策略是非常成功的。现代社会，不管是家长还是老师都很关心孩子的教育问题，对此，唯有老师与家长之间搞好关系，真诚相对，本着为孩子好的统一原则，才能让一切都沟通得更加顺畅，也更顺利。

现实生活中，无论我们的身份地位如何，也不管我们面对的是什么人，我们都要放下身段，努力为对方着想，真诚地与对方交流，如此才能让沟通事半功倍。记住，若你变得孤傲清高，对方也会像是一面镜子一样，马上作出相应的反应，试问，两个冷漠十足的人，如何融洽交流呢！做事要高调，

做人要低调，我们必须记住这个原则，才能赢得他人的尊重和认可，建立良好的人际关系。

像层层剥开洋葱一样，以温言细语打动人心

要想在最短的时间内打动人心，以强制强的方法显然收效甚微，虽然能够使人表面上屈服，但是实际上别人的内心并不会真正服气。一场成功的说服，不但要言简意赅，一针见血，在需要的情况下，更要像剥开层层的洋葱一样，以温柔和气的语言，真正使人内心深处产生触动。

正如著名的北风和南风的故事一样，北风虽然凌厉，但实际上它越是刮得紧，就越是使行人更加裹紧了衣服，戴上围巾和帽子，导致北风的目的落空。相反，南风非常和煦，吹走了乌云，让太阳高高地挂在天空中，从而如愿以偿，让行人心甘情愿地脱掉了厚重的衣服，摘下了帽子围巾。这就是攻心为上的策略。我们不能说北风的威力不如南风，但是事实的情况是，南风的策略一定胜于北风。

现实生活中，有很多人非常强势，不管和谁相处，都喜欢指使和命令他人。虽然短时间内能够看到一定的效果，但是长此以往，必然导致他人口服心不服，甚至产生逆反心理，故意对着干。真正的说服工作，一定要晓之以理，动之以情，无须厉声呵斥，温言细语反而更能打动人心。就像剥洋葱一样，只有耐心地一层层地剥开，我们才能看到洋葱使人流泪的心。当然，采取这种方法说服他人，降服他人，必然要求我们拥有强大的内心。内心越是淡定平和，充满自信，我们就越能够真正地坦然应对外界的一切。

大学毕业后，作为父母老年得子的儿子，张坤一心一意想去大城市打拼。然而，父母已经老了，都六十多岁了，因而全都不遗余力地想要阻止

他，让他留在更近的省会城市。对此，张坤产生了逆反心理，和父母争吵个不停。无奈之下，父母找来很多亲戚朋友劝说张坤，都无济于事。

这一天，张坤小时候就很要好的表哥来到家里。张坤无所顾忌地对表哥说："表哥，你要是来与我玩的，我就欢迎你。你要是也像其他人那样是来劝说我的，我只能让你打道回府啦。总而言之，我的心意已决，不想轻易改变。"表哥笑着说："你这个小家伙，几年不见，长出息了啊，不是当初那个跟在我后面央求我给你摘枣子的小屁孩了。其实，我不是来反对你的，反而我很支持你呢！""哦，真的吗？"张坤听到表哥居然支持自己，不由得两眼冒光，说："表哥，你就是有眼光，和家里的那些亲戚不一样。"表哥笑着说："我当然知道，外面的世界对于你这样刚刚大学毕业的男孩而言意味着什么，那是霓虹灯闪烁的地方，也是梦想开始的地方，更是人生起航的地方。世界是属于你们的，大胆去拼搏闯荡吧！让我这样的中年人回来家乡，照顾老人，我也会帮你照顾舅舅的。"

听了表哥的话，张坤不由得纳闷地问："回到家乡照顾老人？表哥，你不是一直在上海吗？为什么突然要回来呢！"表哥无奈地说："曾经，我也以为能够在上海扎根，成为真正的上海人。然而，经过十年的打拼，我依然无法在上海为自己买一套小小的房子，户口问题至今也没有解决。考虑到孩子已经到了上学的年纪，除非在上海借读，不然就要回到家乡。我又一琢磨，孩子没有上海户口，未来高考还是要回来的，因而就动了让孩子回到家乡读书的心思。正好，去年你姑姑脑溢血，如今偏瘫在床，你姑父今年也患了糖尿病，能照顾得了自己就不错了，根本没有能力照顾你姑姑。在这种情况下，我作为他们唯一的儿子，当然要回到他们身边啦。"看到表哥落寞的样子，张坤问："表哥，你十年的心血都在上海啊，难道不可惜吗？"表哥无奈地说："当然可惜啊，但是我又没有能力给孩子上海户口，更没有能力把父母都接过去。其实我倒是挺羡慕你的，虽然舅舅舅妈的年纪都比我的父

母大好几岁，但是他们身体还算硬朗呢！我如今后悔的是，当初我要是留在家乡，此时一定能够混得人模狗样，也就不用现在人到中年，再回来一切重头开始了。”

听完表哥的话，张坤陷入深深的沉思之中。的确，自己父母的年纪比姑姑姑父年纪还要大几岁，虽然如今看着身体硬朗，但是未来不知道哪一天就会相继生病，到时候他这个远游在外的独子，哪里还有时间工作呢，只怕得连夜赶回来照顾他们呢！想到这里，张坤恍然大悟，对表哥说：“表哥，放心吧，我把你的话都听进去了，我会认真思考去留问题的。”经过思考，张坤决定留在省会城市，这样不但他自己能够解决户口问题，父母也能够赞助他首付、帮助他在省会安家落户，并且也来到省会和儿子一起生活。这样的生活，虽然看起来不如去大城市风光，却彻底解决了很多问题，令他再也没有后顾之忧。

在这个事例中，表哥其实也是说客，但是他说服张坤的方法很特别。他没有像其他人一样一张嘴就否定张坤的选择，而是先肯定和理解张坤，然后再从自身的经历开始说起，给了张坤很大的启示。张坤并不愚钝，在看到表哥绕了一圈弯路又回到原点之后，不由得开始思考自己的未来和方向。最终，他作出了明智的选择。

表哥说服张坤的过程，就是典型的层层推进。表哥并不心急，且有十足的把握能够说服张坤，因此始终非常淡定平和，根本不会招致张坤的反感。正是因为这样的方式，张坤也真正做到了把表哥的切身经验和体会听到心里去，从而避免了自己的人生也走弯路。朋友们，现实生活中，我们常常需要说服他人，把我们的意见、观点和态度灌输到他人的心里去。在这种情况下，最好的办法就是层层推进，抽茧剥丝，如此才能最终真正打动对方的心。

第07章
营造强大气场，征服那些质疑自己的人

§

不管是在生活中还是工作中，我们的每一次表达，总会遭到与我们意见相左的人的质疑，甚至是反对。当然，对于那些背后反对我们的人，我们无法说服他们全都支持和赞赏我们，但是对于那些当面对我们产生质疑的人，我们一定要以强大的气场征服他们，这样才能使我们得到他们的信赖和支持，令一切都变得更加顺利。

§

了解他人，才能成功吸引他人

对于一个成功的演讲高手而言，能够有气势有技巧，把一场演讲顺畅流利、一气呵成地完成固然很重要，但是要想获得真正的成功，最重要的是能够打动他人。众所周知，一切的交流只有打动人心，才能成功。不管是在生活中还是在工作中，任何交流归根结底都是如此。因而，我们必须更加了解他人，才能把话说到他人的心里去，也才能成功地吸引他人。

每个人在面对他人时，尤其是面对不熟悉的陌生人时，心中对于对方一定是有所判断的。透过语言交流的表象，人与人之间实际上是在进行心灵的博弈，只要我们用心，就能很容易地感受到对方是否有异常的地方，是否在撒谎。在这种情况下，我们也许不会戳穿他人的谎言，但是心里一定会对对方产生隔阂，这样的隔阂是很难消除的。由此可见，要想展开良好的交流，就必须与他人进行心与心的沟通，加深对他人的了解，这是成功沟通的先决条件。

一场真正成功的交流结束之后，我们不但能让对方接受我们的语言，而且接受我们的意见、观点和态度，更能够让对方真正接受我们的人，认可和认同我们，从而与我们的心更加贴近。从这个意义上来说，一切的交流都要归结为心与心的交流，一切的交流只有打动人心才能算得上成功。生活中，有很多人在表达自己的时候，因为害怕，总是畏畏缩缩，导致不能做到真正的坦诚，由此也给他人留下不好的印象。其实，真诚是人与人之间进行交流

的前提，当我们对他人进行初步的了解之后，我们接下来要做的就是敞开心扉。唯有如此，我们才能成功吸引他人，得到他人的坦诚相待。

作为一名保险推销员，艾琳每次在向客户推销保险之前，都会想尽办法了解客户的情况。不过，对于一个已经跟进了一个月的大客户，艾琳的工作却进展缓慢。

这天，艾琳又像往常一样去拜访客户，客户显得很不热情，艾琳只好绞尽脑汁地寻找话题。正当艾琳因为尴尬和冷场觉得难堪时，客户的助理突然拿着两张票走进办公室，说："陈总，我已经按照您的吩咐，订好了某某歌星后天晚上在工体举行的演唱会门票。"听到秘书的话，艾琳不由得眼前一亮，说："陈总，您是某某歌星的粉丝吗？"陈总笑着说："嗐，我这个年纪了还追什么星啊，是我的女儿，央求我给她订票，要和同学一起去看演唱会。没想到这个票还挺难订的，秘书足足忙活了好几天，才买到了位置不太好的票。"艾琳说："陈总啊，咱们可真是有缘啊，如果我不是偶然听到这句话，只怕您的票很难让您女儿满意呢！我的妹妹和这个歌星是同学，也是好朋友，我马上帮您问问能否弄到预留的贵宾席。"

听了艾琳的话，陈总两眼放光："真的吗？我也正发愁先前在女儿面前夸下海口，这下子要出丑了呢！要是能弄到贵宾席，哈哈，那女儿得多么崇拜我啊！"当即，艾琳就当着陈总的面给妹妹打了电话，对妹妹千叮咛万嘱咐一定要搞到贵宾席。果不其然，妹妹很快就回电话，说不需要加价，就有贵宾席。陈总喜出望外，对艾琳的态度当即一百八十度大转弯。后来，艾琳亲自去妹妹那里取了票，又送给陈总。一个多星期之后，陈总主动给艾琳打电话，邀请她过去洽谈保险事宜。这次，细心的艾琳更是给陈总送上了意外的礼物——一件那位大歌星签名的T恤衫和一套珍藏版的CD。就这样，艾琳顺利拿下了陈总的私人保单，后来陈总还把整个公司全体员工的商业保险，也都交给艾琳了。

在这个事例中，艾琳之所以能够在短暂的时间里扭转局势，吸引了陈总的注意，就是因为她意外得知陈总的女儿居然是某歌星的忠实粉丝，而她的妹妹又恰恰与某歌星是同学兼好朋友。不得不说，艾琳拍马屁可算是拍得恰到好处，因为对于每一个父母而言，孩子的快乐都是他们最乐意看到的。

这正符合我们前文所说的，要想打开他人的心扉，最重要的就是了解他人，掌握他人的心理，唯有如此，我们才能把话说到他人的心里去，才能把事情做到让他人最高兴的程度。任何成功的交流，都离不开心灵的碰撞融合。不管什么时候，我们都要多多了解他人，努力打开他人的心扉，这样才能让我们与他人的交流和谐融洽，才能让我们与他人之间的关系越来越亲近、密切。

语气的强势，的确有助于营造强势气场

虽然我们前文说过，在与他人交流时要语气温柔，言辞恳切，抽茧剥丝，层层推进，但是现实生活中，偶尔也会遇到这样的情况，即我们必须非常强势，才能主宰谈话的氛围和气场，才能真正主导谈话的方向，使我们顺利达成目的。

这个世界上既没有两片完全相同的树叶，也没有两个完全相同的人。每个人都是世界上独一无二的存在，拥有自己的脾气秉性，性格爱好，对于世界、人生的诸多观念也是完全不同的。因而，当人与人聚集在一起时，难免会产生思想的交流、碰撞与融合。面对那些有主见的人时还好，至少他们能够凭借自己的人生经验和知识等作出准确的判断和明智的选择；而当我们面对的是缺乏主见的人，或者是面对很多意见不统一的人时，我们就需要更加强势，才能成为交流的灵魂人物，才能彻底主导交流的方向。这和企业管理

的道理一样，假如一家企业拥有很多管理者，而且这些管理者不能做到协调统一，那么在作决策的时候就会导致纷争不断，虽然付出大量的时间和精力去讨论，最终却毫无结果。一家好的企业，虽然讲究民主，但是也讲究决策的主权，唯有把民主和专制统一起来，才是最理想的企业管理状态。

通常情况下，经验丰富的演讲者，为了达到预期的效果，会有意识地营造氛围。只要氛围恰到好处，人们的心就会很容易被鼓动，也就能够顺水推舟地改变自己原本固执的想法，变得从容和善。与此相反，假如现场的氛围根本不适宜说服他人，每个人都在坚持自己的意见和看法，绝不动摇和妥协，那么结果就难以如愿。这就像是很多销售人员采取的策略，有些商家为了推销商品，会特意找一些假冒的顾客装作争先恐后的样子购买产品。这样的氛围一旦形成，其他原本不关注产品的顾客，也会马上给予产品极高的关注度，甚至会因为担心抢购不到而马上掏钱购买产品。这样的销售策略是把有形的产品推销给他人，同我们把无形的思想、理念等推销给他人，是同样的道理。

作为一名二手房销售人员，马大姐的销售业绩在公司里始终名列前茅。和大多数销售员都捧着客户、不敢否定客户的观点相反，马大姐的销售技巧就是主宰客户，从不“惯着”客户。

前段时间，同事小王带了一对年轻的情侣，他们是准备买房结婚的。这对情侣对于房子很满意，但就是难以下定决心购买，总是犹豫不决。小王无奈地等啊等啊，足足等了半个月，这对小情侣也没有打定主意。小王实在没办法了，只得求助于马大姐。马大姐在与客户进行了铺垫性的接触后，有一次打电话急迫地告诉客户：“小张，你们对于房子到底是怎么想的啊！我告诉你们，明天就是周末了，上周有个客户对于这套房子特别满意，明天要让家里人过来看。假如看得合适，人家就直接定下来了。”小张依然迟疑地说：“房子的确不错，不过马大姐，凭你的经验，你觉得房价还会下跌

吗？”换作小王，一定会耐心地和客户解释房子的涨跌，而马大姐却斩钉截铁地说：“我不知道房子是涨还是跌，除非你去问国家主席，也许他能够左右房地产的政策，从而控制房价。但是我就纳闷了——小张，房价涨跌和你有什么关系呢！房价涨了，你也只能住着不能卖，一套房子卖了哪里住去啊！房价跌了，也只是短期的，归根结底还会涨回来，总而言之你又不会在房子下跌的时候卖掉，所以跟你关系不大。但是我很清楚一点，你现在面临着结婚，没有房子，只怕不能那么顺利地娶到媳妇吧！”

马大姐的一番话毫不客气，说得客户没了脾气，也意识到问题的本质。最终，这个犹豫不决的客户终于下定决心买了房子，小王还请马大姐吃了一顿大餐呢！

在这个事例中，面对着犹豫不决的客户，小王根本不知道自己应该怎么说，才能主宰客户。换言之，他根本没有主宰客户的意识。尽管他一直都在好言好语地劝说客户抓紧时间买房，却从未把话说到点子上，为此，他的销售工作进入瓶颈阶段，毫无进展。幸好马大姐说出一番强势的话，让原本就很年轻且心中没底的客户，终于下定决心买房。不得不说，马大姐对于销售话语话术的运用已经达到了炉火纯青的地步，所以她才能从某种意义上主宰客户。

温言细语当然好听，妥帖入心，但是未必适合所有的情况。作为一个真正的强者，作为能够主宰自己和他人的人，我们在说话的时候常常需要霸气外露，这样才能占据交流的主导地位。不过需要注意的是，所谓的霸气外露，并非是用假话欺骗他人，也不是用实现无期的梦想吓唬他人。一切都只有以现实为依据和基础，才能真正站得住脚。尽管我们平日里无须说豪言壮语，但是在恰当的场合和合适的时机，豪言壮语的确能够起到鼓舞人心的作用，并且能振奋我们自己的信心，是必不可少的。总而言之，凡事都有度，过犹不及，唯有掌握好做人做事的度，我们才能如愿以偿。

坚定不移地表达自己，才能打动他人

一直以来，大多数人都觉得说话的内容是最重要的，殊不知，说话的语气同样重要。对于同样内容的话，假如同一个人换不同的语气说，或者是不同的人以不同的语气说出来，效果往往大相径庭。细心的人会发现，生活中有些人说话的时候特别大声，往往给人以强势的感觉；反之，有些人说话的时候唯唯诺诺，则给人以胆怯畏缩的感觉。这还仅是声调的作用，如果再加上不同的语气，则效果的差异将会更大。

所谓语气，就是人们在说话时除了内容等硬性条件之外，作为辅助作用的因素。以不同的语气说话，往往导致话的内容和内涵也发生很大的改变。当然，每个人说话的语气并非一成不变，根据不同的时间、场合与情境，我们也应该学会顺势而为，根据实际情况调整自己的语气。只有让语气与时间、场合、情境等相互搭配起来，我们的话才能达到预期的效果。

在和他人讲道理的时候，尤其是当我们想要说服他人的时候，最好采用坚定不移的语气。因为唯有坚定不移的语气，才能传达出我们对于自己的意见和观点都深信不疑的态度。试想假如我们都对自己所说的话犹豫不定，那么别人又如何相信我们呢！从这个角度而言，语气不仅能提升他人对我们的信心，也能够帮助我们对自己树立信心。当然，假如我们是在和朋友闲聊，或者是在与家人交谈，则完全没有必要使用如此严厉、斩钉截铁的语气。尤其是当谈到的话题无关紧要时，我们更应该变得轻松惬意，甚至可以怀着漫不经心的态度。总而言之，语气只有恰到好处，才能起到预期的效果。

作为一名淘宝客服，小雅几乎每天都在面对客户的质疑。诸如她的淘宝店铺在销售农场品，尤其是各种有机的蛋类的时候。对此，小雅差不多每个小时都会遇到客户相差无几的提问：“鸡蛋新鲜吗？”“这是散养的鸡下

的蛋吗？”“下蛋的鸡有没有打过激素之类的，会有残留吗？”……起初，小雅严格遵循不要把话说得太死太满的原则，对客户的回答总是模棱两可：“嗯嗯，我们的鸡蛋都是很新鲜的哦，不会有长时间的鸡蛋呢！”“嗯嗯，我们的鸡都是溜达鸡，应该没有用过激素的，亲，请放心食用吧！”每次小雅这么回答完之后，客户再提出一两个无关痛痒的问题，就会消失得无影无踪，根本不会成交。

一个月下来，小雅的销售业绩很差，业务主管都来找她谈话了。小雅很委屈，因为她的确非常努力，总是第一时间就回答客户的提问。后来，在调看了小雅和客户的聊天记录之后，业务主管发现了问题所在。原来，小雅每次回答客户的答案都太模棱两可了，语气也不够坚定。实际上，每一个向客服提问的客户，都是有成交意向的，很多客户之所以向客服提问，只是为了得到肯定的回答给自己提升购买的信心而已。小雅的回答恰恰损伤了客户的购买意向，使得他们最终放弃购买，也不再成交。在业务主管的建议下，小雅改变了回答问题的方式，诸如当客户问她鸡蛋的日期是否新鲜时，她会直截了当地回答：“亲，我们通常发的都是前一天鸡刚刚下的鸡蛋，即便是如今在活动期间，价格优惠，发货量大，鸡蛋的日期也不会超过三天，请您放心购买！”就这样，小雅很容易就成交了，因为客户从她的回答中得到了自己想要的答案。

对于很多提出问题的人而言，正如人们所说的，嫌货才是买货人。他们之所以问东问西，恰恰是为了从客服肯定的回答中得到信心，从而下定决心下单付款。如果客服在这种情况下对问题的回答模棱两可，那么客户就会失去信心，变得犹豫不决，甚至彻底放弃。因而作为一名淘宝客服，或者是其他行业的销售人员，要想尽快成交，一定要努力提升自己的专业知识和技能，这样才能做到在回答客户问题时斩钉截铁，绝不含糊其辞。

现实生活中，虽然我们大多数人都不是销售人员，但是我们也常常面临

他人的询问。在这种情况下，我们只要确凿无疑，回答的时候就要在语气上充分表现出来。有很多人奉行中庸之道，喜欢明哲保身，殊不知正是那些不够明确的回答，使他人失去了信心。朋友们，虽然人不能自负，不能狂妄自大，但是必要的自信是必须有的。很多时候，即便我们内心不够自信，也要首先从语气上提升自己的信心。唯有如此，我们才能拥有强大的气场，赢得他人的信赖和尊重。要想培养自己的强大气场，不如就从坚定不移地表达开始吧！

坚守原则的人，更能得到他人信任

现代社会，人际关系被提升到前所未有的高度，因此很多人都非常注重建立和维系良好的人际关系，且更加注意提高自己的语言表达能力。为了迎合他人，他们放弃自己的原则和底线，说话的时候总是人云亦云，根本没有自己的主见。长此以往，他们成为可怜的应声虫，虽然是个谁也不得罪的老好人，但实际上在他人心目中的地位非常之低。尤其是在职场上，一个人的话语权并非取决于他对他人的附和程度，而是取决于他是否有自己独到的见解，也取决于他是否能够切实地为公司的发展作出贡献。在这种情况下，失去原则的人显然不可能实现这两点，因此迟早会遭到其他同事和领导的唾弃。

归根结底，说话的目的是什么呢？一则是表达我们的诸多观点，二则是通过我们的言行举止，让他人更加深刻地认识我们，最终肯定和欣赏我们。从短期的效果来看，倘若我们总是随声附和他人，的确能够暂时赢得他人的认可，但是归根结底，他人最终会看透我们的本质。反之，假如我们能够在与人沟通的过程中，在表达自己的看法和观念的同时，坚持自己认为正确的

想法，且有不可逾越的原则，那么即便我们一时之间得罪了他人，也最终会因为刚正不阿、坚守原则而得到他人的尊重和认可。从这个角度而言，朋友们，假如你们想要树立自己的威信，活出自己的风采，千万不要随意附和他人，更不要违心地认可他人的观点。与其付出惨重的代价换去他人的愉悦，不如坚持最真实的自我，得到他人真正的认可。对此，大名鼎鼎的马云曾经说过，最重要的就是讲真话，和坚持原则。马云是这么说的，也的确是这么做的，虽然他因此得罪了一些人，但是他活出了自己的人生，拥有了与众不同的成就。

最近，小鹏准备在网上购置一件大家电——电冰箱。虽然淘宝上的商品琳琅满目，使人眼花缭乱，但小鹏还是很快就锁定了一家电器经销商。小鹏是如何确定这个卖家可信的呢？究其根本，他只是与很多卖家都进行了简单的沟通。

小鹏发现，有很多卖家在回答他能否优惠的问题时，都没有一口回绝，而是给他留下了想象的空间，诸如“您确定买之后，我再帮您申请”，“您只要选中了冰箱，其他的一切都好说”等。这些话使小鹏非常忐忑，因而不知道这些卖家的来货途径是怎样的，甚至还怀疑他们卖的是假货呢。在所有卖家里，只有一个卖家在听到小鹏的砍价请求之后，斩钉截铁地一口回绝：“先生，我们这里是专卖店，从厂家进货的，价格都是厂家定好的，一分都不能少。”这句回答看起来拒绝得干脆利落，也不近人情，却让小鹏觉得心里很踏实，他暗暗想道：“的确，这些品牌的东西都是有着严格价格定位的，只有好货不怕人嫌贵的卖家，才是对自己的产品有信心的卖家，也才是受到总公司严格管理的卖家。”就这样，虽然从这家购买要多花几百块钱，但小鹏还是义无反顾地选择了这家贵的。所谓只买对的，不选贵的，也不能选择便宜的，心安理得才是最合适的做法。

事例中，小鹏以砍价为由试探了好几家淘宝店家，最终因为他们许诺的

不确定的优惠而心中忐忑。的确，好的东西必然有好的品质，也会有好的价格。虽然世人眼中的成熟是处事圆滑，但是过于成熟并非是一件好事情。有的时候，怀有一颗赤子之心，能够坚持自己的原则和底线的人，才是值得他人信任和托付的。

我们必须认识到，原则是至关重要的，任何时候都不能放弃原则。当我们为了很多原因降低自己的原则，或者完全抛弃自己的原则时，别人就会因为我们的毫无原则，看低我们。因而，当我们觉得理直气壮的时候，就应该光明正大地讲究原则，完全无须遮遮掩掩，否则反而显得不明不白。当然，虽然说出自己的原则很简单，但是真正想要做到坚持原则并不容易。现代社会，人们面临着各种各样的诱惑，曾经纯粹的精神也变得不那么可靠了，无数人在物质和金钱的诱惑面前失去原则。不得不说，这样的代价是非常惨重的。朋友们，不管遇到怎样的困境，我们都应该把坚持原则放在第一位。只有有原则，我们的人生才有底线，我们做人做事的时候才不会失去准绳。

说得多，才能提高对的概率

现实生活中，很多人都沉默寡言地生活着。难道他们没有说话的天赋，因而从来不敢张口说话吗？还是因为他们性格孤僻，所以被大多数人排挤和抗拒，最终导致他们越来越沉默呢？实际上，这两个原因都站不住脚，因为那些沉默寡言的人并非心中无话，也并非为人悭吝，大多数情况下，是因为他们缺乏表达的欲望，根本不想表达，或者缺乏表达的意识，从未发现表达对于人生而言是多么至关重要的事情。

在这个世界上，每个人的脾气秉性都是完全不同的。有些人性格大大

咧咧，不管有什么事情，都能马上说出来。与他们恰恰相反，有些人的性格是非常细腻的，胆小慎微，不管遇到什么事情都恨不得找个地洞钻进去，生怕自己招致他人的注目。其实，这样的人并非局限于外界环境，而是因为他们自身就给自己设定了限制。通常情况下，他们很爱面子，因为有着深刻的自卑，所以自尊心非常强烈，生怕自己哪句话说错了，就会丢人现眼。在这种情况下，他们不愿意特别突出。举个最简单的例子，这种性格的学生在课堂上面对老师的提问，从不会第一时间举手，尽管他们心里翻江倒海，感慨万千，但就是不愿意有感而发地说出来。这样一来，尽管他们避免了错误的出现，与此同时也导致自己根本没有机会表现，甚至心中那些错误的答案，也永无出头之日，更没有机会被指正。正是这种性格类型的人说出了那几句流行语，即多说多错，少说少错，多做多错，少做少错。不得不说，这是非常消极的人生态度，根据这几句话的指引，人们大可以不说不做，彻底成为无为主义者。如此一来，从宏观的角度说，科学家因为怕犯错而停止思考和行动，思想家因为怕犯错而不再进行哲学意义上的深刻思考，甚至就连小学生也因为怕犯错而停止回答问题，不再写作业。这样的社会，还谈何发展呢？这样的时代，还谈何进步呢？

正如一位名人所说的，失败是成功的阶梯，是成功之母。人类有史以来的一切进步，莫不是建立在不断犯错的基础之上的。我们是人，不是神仙，因此也就难以避免犯错。唯有勇敢地面对错误，从错误中汲取经验和教训，我们才能得到进步。说话也是同样的道理，没有人生而就是演说家，也没有人能够保证自己从不犯错。既然如此，我们就算说错了话，也完全在情理之中，至少我们还可以从这次的错误中获得下次的相对完善，但是假如我们缄口不言，就永远无法走向正确。

作为大学一年级的小豆包，涛涛刚刚进入大学，就表现出怯懦的性格。他总是非常害怕老师在课堂上的提问，哪怕心里知道答案，也从不敢主动举

手，将自己知道的与同学们分享。刚开始时，老师以为涛涛不敢面对陌生的同学们，后来才发现涛涛完全是因为害怕出错才拒绝回答问题。看到涛涛这样的行为表现，老师不由得着急起来。老师找了个机会，对涛涛说："张子涛同学，如今你已经是大学生了，不再是小学生、初中生或者是高中生。所谓大学生，与其他学生身份最明显的差别就在于，大学的学习不是填鸭式的，而是给予学生更大的空间自由发挥。老师知道，你曾经也非常优秀，因而在进入大学之后看到比自己更加优秀的同学时，在无形中产生了自卑心理。"

听到这里，淘淘情不自禁地点点头，说："我看到同学们都比我懂得多，因而很害怕说错了会惹得他们笑话。"老师笑着说："怎么可能呢！所谓尺有所短，寸有所长，你的每一位同学都不是绝对完美的，他们也存在很多你看不到的缺点。实际上，他们也不确定自己的观点是否正确，但是说出来才是验证的唯一方式。在与同学和老师的思想、观点不停地碰撞融合的过程中，他们能轻而易举地知道自己的对错，也就实现了巨大的进步，你说对吗？"淘淘沉思良久，觉得老师的话很有道理。后来，他渐渐改变心态，从不想说，到尝试着说，再到我要说。一年之后，大二的淘淘已经成为班级里的学习委员了。每当身处公开交流的场合，他总是积极踊跃地发言，哪怕错了，也无所畏惧，如此坚持一段时间之后，他不但回答问题的正确率大大提高，整个人也变得自信多了。

在这个事例中，淘淘因为害怕被优秀的同学们嘲笑，也因为从高中时代的天之骄子变成大学里普通得不能再普通的一员，所以心理上产生巨大落差，整个人的行为习惯也变化了。其实，并非说得多错得多，当我们能够经常大胆地表达自己时，我们的自信心就能得到提升，也因为我们的答案经受住了大家的讨论，我们的思路也会越来越清晰，也就更容易圆满地解决问题。

每个人在这一刻的滔滔不绝、口若悬河，都是由最初的经常犯错换回来的。良好的表达不但需要勤于练习，掌握技巧，更需要合适的时机与场合。朋友们，假如你们很想提升自己的语言表达能力，也希望自己能够成为把话说到点子上的人，那么就从现在开始抓紧一切机会锻炼吧！千万不要害怕犯错，人非圣贤，孰能无错呢！当我们能够坦然面对错误，我们的未来也就会变得一片辉煌。如果因为害怕犯错而失去说话的机会，最终不但不能流利地说话，还有可能成为故步自封的“哑巴”呢！

让别人相信“你说的，就是对的”

生活中，有很多人都是棉花耳朵，也就是我们常说的耳根子软。从本质上来说，耳根子软的人都缺乏独立性，也不够坚持。他们对于很多事情明明已经想好了，也下定了决心，最终却因为一个无关紧要的人一句漫不经心的话，就彻底推翻自己此前的一切思考和决定，犹豫不决、迟疑不定，最终白白浪费了宝贵的时间。毋庸置疑，这样的做法是非常不好的，也总是影响到人们日常的生活和工作。一个人要想真正做到卓有成效地做人做事，不但要有胆识有魄力，更要有主见有决断。

毋庸置疑，每个人在考虑问题的时候都会情不自禁地从主观角度出发，这也就直接导致他们在发表意见的时候是站在自己的立场上进行的。既然如此，既然只有我们自己才是最了解自身实际情况的人，我们又何必要根据他人不相干的话随意调整决策呢！一个真正明智的人，尽管也会综合考虑他人的意见和建议，但是在作决策时一定不会三心二意，而是坚定不移，绝不动摇。从另一个角度而言，所谓尺有所短，寸有所长，我们眼中的别人总是那么优秀，这是因为我们学会了欣赏他人。然而，我们眼中的自己也应该同样

优秀，我们应该看到自己的长处和优点，并能够使其发扬光大。当我们经过深思熟虑，结合自身情况作出最终的决定之后，千万不要轻易改变，因为给我们提意见的人一定不会比我们更了解自身的情况，也未必就比我们更加聪明理智。与其因为别人的建议犯错误，不如用这个机会实践和验证自己的决定，这才是明智者所为。

也许有些朋友会说，生活中总有些热心的亲戚朋友喜欢多管闲事，喜欢对我们的事情指手画脚。这也没什么关系，既然嘴巴长在别人身上，我们当然不能限制别人的人身自由，他爱说就说去吧，说不说是他的自由，关于这一点，但丁很久以前就给出了答案：走自己的路，让别人说去吧。至于怎么做，则是我们的自由，我们完全有权利作出自己的选择，也作出自己的决定。

甜甜是个非常有主见的女孩，尽管她只有三岁，但是每次和妈妈一起外出吃饭，或者去买漂亮的衣服裙子时，她都有自己的主意。

比如，甜甜今天和妈妈去麦当劳吃东西了。一直以来，妈妈都是擅自做主给甜甜点甜玉米、鸡块和果汁。但是今天，小小的甜甜非要吃薯条。妈妈没有采纳她的建议，依然点了自己认为最有营养的组合，于是小甜甜噘起小嘴巴，一口也不要吃。不管妈妈怎么劝说，如何威逼利诱，她就是纹丝不动，绝不张口。妈妈实在气急了，问：“你到底想干什么？”甜甜这才坚定不移、一字一句地说：“我要吃薯条。”妈妈没办法，只好给她买了薯条。

甜甜看到薯条之后高兴极了，很快就蘸着番茄酱把所有的薯条都吃完了。妈妈这时候惊讶地说：“难怪要吃薯条，看来是真的想吃薯条了。”甜甜依然淡定地说：“我说要吃薯条，就是要吃薯条。”

不得不说，小小年纪的甜甜就表现出了强烈的个性特征，她是非常有主见的，而且她的主见才初露端倪。想必从此之后，妈妈一定不会继续擅自为她做主，而是会更多地考虑她的想法和意见，也会更加尊重她的。

人要想有自信，就一定要有主见，要有自己的想法和态度，小小年纪的甜甜尚且能如此坚定不移，更何况作为成年人的我们呢！任何时候，我们对于发生在自己身上的事情，或者是需要我们自己作出选择和决断的事情，都要拥有自己的判断。当然，这里所说的并非是固执己见，我们当然可以综合考虑他人的建议或者意见，但是在综合的基础之上，大主意却是要我们自己拿的。而且，一旦作出决定之后，如果不是被证实的确犯了严重的错误，我们也不应该因为别人的不同意见就轻易改变。记住，命运始终握在我们的手中，我们才是命运的主宰！

第08章

做主动打破僵局的人，用妙语摆脱尴尬

§

语言交流是人与人之间打交道的重要方式之一，无论是怎样的人际关系，都必须彼此沟通，才能达到目的。遗憾的是，因为脾气秉性的不同，因为事情发展的不可预料性，也因为我们对他人缺乏一定的了解，我们在说话的时候难免会犯错误。在这种情况下，如何才能摆脱尴尬，打破冷场呢？在人际交往之中，我们必须掌握这门艺术，才能做到游刃有余，如鱼得水；才能顾全自己和他人的颜面，使得人际关系更加和谐融洽。

§

反驳他人，一定要找准时机和话题

在日常生活中，每个人都难以避免地要与他人进行语言交流，然而语言的交流未必都是和谐融洽的，常常会因为某些特定的原因，出现尴尬和冷场的局面。尤其是在我们遇到的某些人很不擅长说话的情况下，我们更是会因为他人不合时宜的话陷入尴尬之中。在这种情况下，假如我们毫不反驳，无疑相当于被对方赚了便宜；如果我们直截了当地反驳，则又会因为伤害他人的颜面，而失去一个朋友，这可真是进退两难的事情啊！

其实，朋友们，当我们想要反驳他人时，可以采取很多的方法，未必只有一种开门见山的、得罪人的方法可以使用。正所谓曲径通幽，我们反驳他人的目的是使他们意识到自己的错误，并且再也不敢挑衅我们，而并非要以暴烈的方式失去一个朋友。因而，只要找准时机和话题，并且以合适的方式进行表达，我们就能达到目的。

罗斯福在刚刚就任美国总统时，遭到了很多人的反对，其中尤其以亨利的反对呼声最高，亨利也曾经在很多公开场合公然挑衅罗斯福。

有一次，在一个盛大的政治集会上，有很多政治圈内的大人物都到场了，还有无数的新闻记者蜂拥而至，大家都想挖掘出新鲜的新闻。在一些人进行演讲之后，轮到罗斯福上台演讲了。原本，他的那些政敌们都以为他会抓住一切机会进行反击，正在现场的亨利也心中忐忑，担心罗斯福对他展开攻击和反驳，不想，罗斯福淡定从容地走上讲台，说：“各位先生们、女士

们，我亲爱的朋友亨利……”在说这话的时候，罗斯福的脸上带着真诚的微笑，并且把目光投向了亨利。

对于罗斯福如此出人预料的开场白，亨利惊讶极了。随后，罗斯福开始肆无忌惮地怒骂新闻界，在场的记者们全都面面相觑，不知所措，并且觉得莫名其妙。听着听着，有些聪明的记者朋友们马上领会到罗斯福醉翁之意不在酒。原来，罗斯福接下来谩骂的内容，全都是亨利在《美国新闻界》中发表的一篇文章中写到的。由此，他们心领神会，聪明的罗斯福以“我亲爱的朋友亨利”为开场，实际上只是为了让亨利注意到他接下来要讲述的内容，也由此暗示亨利倘若继续张狂下去，他一定会采取比现在更为直截了当的做法。由此一来，亨利怎能不有所收敛呢！

在这个事例中，罗斯福无疑是非常聪明的。作为刚刚上任的总统，即便他明知有很多人都反对他，也不能公然与这些人为敌。他以亲近的方式，让曾经对他出言不逊的亨利意识到他已经开始反驳，如果亨利不收敛的话，他未来会采取更加直接的方式。这样一来，亨利自然受到警告，也会认真考虑自己的言行举止。不得不说，罗斯福总统在这样一个盛大而又公开的场合做出如此的举动，除了警告亨利，也警告了那些对他不尊重的人。又因为他意在言外，所以丝毫没有影响到自己高高在上的身份。

现实生活中，很多人对于他人的肆意攻击和谩骂，都秉承“沉默是金”的态度。的确，有些事情的真相会在时间的流逝中浮出水面，但是更多的时候，对于那些蹬鼻子上脸、得寸进尺的人，我们还是有必要采取措施的。在恰当的时候，我们理应一改沉默的形象，对那些别有用心的人反唇相讥，这也是对待“敌人”不得不采取的手段和措施之一。当然，我们必须讲究方式方法，正如我们不能因为狗咬了我们，我们就去咬狗一样，恰到好处地反驳他人，而丝毫不损自己的颜面和尊严，这才是强者所为。

委婉含蓄，也可以表达不满

在现实生活和工作中，我们很难时时处处都顺心如意，也常常因为各种各样的原因对他人感到不满。在这种情况下，我们是直接无所顾忌地发泄不满，还是压抑自己郁郁寡欢的心情，哑巴吃闷亏呢？真正的聪明人既不会为此大发雷霆，也不会以牙还牙、以眼还眼。很多时候，当我们仿照别人的样子回报别人给我们的伤害时，也就把我们自己降低到与对方同流合污的处境。因而，用他人对待我们的恶劣方式去对待他人，并非最高明的报复行为。最高明的报复行为，是不动声色地委婉讽刺和挖苦，使得对方明明知道自己遭遇了打击报复，却哑巴吃黄连，有苦说不出。

正如人们常说的，极度的愤怒会使人的智商瞬间降低，正是基于这个原因，我们应该学会控制自己的情绪，让自己时刻保持冷静和理智。当我们不再仅仅依靠愤怒解决问题时，我们就能够找到更好的方式使他人准确意识到自己的错误，如此一来，我们不但达到了目的，也不至于和他人产生正面冲突，可谓一举两得。

有一天，瑞比穿着一件非常破旧的衣服去饭店用餐，当时他刚刚从工地里出来，因而身上还有些脏。他径直走入饭店的大厅时，看到那些服务员全都对他视若无睹，既没有人迎接他的到来，也没有人招呼他坐到餐位上点餐；恰恰相反，和瑞比前后脚进入饭店的那些西装革履的男士，则都得到了热情的招呼和妥善的对待。为此，瑞比觉得愤愤不平，不过他并没有表现出来，更没有与那些以貌取人的服务员理论。相反，他一声不吭地走出饭店，回到家里，沐浴更衣，穿上自己最昂贵的西服，再次来到这家饭店。

不等亨利正式走入大厅，服务员就赶紧满脸堆笑地迎上前来，引领亨利来到一张餐桌前坐下，还亲手帮助瑞比脱掉外套。在瑞比点菜的时候，服务

员更是热情地向瑞比推荐他们饭店的招牌菜，很快，瑞比就在服务员的指导下点好了菜。等了没多久，服务员把菜端上来，毕恭毕敬地对瑞比说："先生，您的菜品来了，请您慢慢享用。有任何需要，都请您随时呼唤我。"这时候，瑞比突然做出一个使服务员费解的举动，只见他脱掉外套，把外套摆放在桌子上，对着外套说："衣服，请快用餐吧！"服务员不知所以，问："先生，您这是在做什么呢？"瑞比睥睨着服务员，说："我当然是在招呼我华贵的外套吃东西啦。我刚才来过一次，因为穿着破衣烂衫，所以你们都把我当空气。如果不是回家换了这套衣服，只怕我今天晚上还吃不上这顿饭呢！我可知道，你们这里的美味佳肴和美酒，都是为衣服准备的！"

服务员听着瑞比的话，羞愧得无地自容，恨不得找个地洞钻进去！他赶紧向瑞比道了歉。

在这个事例中，假如衣衫破旧的瑞比当场就和以貌取人的服务员大吵起来，一定会引发严重的争执和不愉快。当然，瑞比也完全没有必要影响自己就餐的好心情。为此，他一声不吭地回到家里，换上最好的衣服，如此一来，他再回到饭店时自然得到了服务员尽心竭力的周到服务。对此，瑞比依然不动声色，直到美味的饭菜上桌，他才恭恭敬敬地让衣服吃饭，由此以委婉含蓄的方式尖锐地指出服务员以貌取人的行为，使得服务员深刻意识到自己的错误，主动给他道歉。

在很多尴尬的场合，我们都可以使用含蓄的语言，使原本沉重的或者是容易引起争执的话题变得轻松愉悦，而且含义深长。当然，也许用这样的方式解决重大的问题有些力不从心；但是对于生活中遇到的很多小问题，这种方式却能够很好地起到点破的效果，至于其中的深长含义，就等着被点破的人独自领悟吧！这种方式不但能够解决这些鸡毛蒜皮的小事情，也能够顾全彼此的颜面，最重要的是能使错误的一方深刻意识到自己的不足，可谓是一举数得的好方法。

学会说软话，才能突破交谈的困境

生活中，不乏有些争强好胜者，不管什么时候都不甘心屈居人后，哪怕是说话，也必须要压制别人，让自己占据风头。这样为人处世，真的好吗？要知道，你想要占据上风，别人也同样想要占据上风，假如两个人就这样针锋相对，寸步不让，最终一定会爆发激烈的争执。如此一来，交谈自然陷入无解的困境，以致彼此都很尴尬，也气愤不已，可谓得不偿失。

为了打破交谈中的僵局，我们不妨端正自己的心态。首先，语言的作用就是交流信息，而不是为了压制别人。对于那些口头上强硬的人，与其与他们针锋相对，不如退让一步，毕竟语言上占据风头根本不能代表什么。其次，我们还要学会说软话，这样才能在冷场的时候打破僵局，使得交谈的氛围重新和谐融洽。所谓软话，就是不要为了逞一时的口舌之快，处处与对方相对。也许有些朋友会说，这么说来，我岂不是低头认输了吗？其实不然，因为一时的口舌之快根本不是占据上风，反倒是说软话的人因为灵活机动，最终掌握了事情的主动权，也占据了主导的地位。

十周岁的乐乐和妈妈一样，是个倔脾气。每当乐乐犯错误时，妈妈都会歇斯底里地对其大喊大叫，这样一来，乐乐也效仿之，也冲着妈妈大喊大叫。如此针锋相对的母子，自然使得家中很少有长久的安宁，因为母子大战经常爆发。随着乐乐渐渐长大，妈妈意识到问题的严重性，想要改变教育的方法，因而读了很多育儿的书籍，才知道孩子原来是父母的缩影。认识到这个道理后，妈妈决定极力克制自己，再也不因为一时的情绪冲动，与乐乐爆发冲突。

这一天，乐乐因为英语考试没考好，回家之后被妈妈说了几句，再次与妈妈顶撞起来。妈妈刚刚喊了两句，突然想起自己要当一个温柔的、知书

达理的好妈妈，因此对坐在书房里气鼓鼓地写作业的乐乐说：“乐乐，对不起，今天是妈妈不对，不应该和你大喊大叫。其实，一次考试没考好不代表什么，妈妈只是希望你能够端正学习的态度，这样才能在未来的学习生活中获得进步。”听到妈妈这番道歉的话，乐乐简直惊呆了。他傻乎乎地看着妈妈，过了一分钟之久，他居然委屈地哭起来，也真诚地对妈妈说：“妈妈，对不起，我这次没有认真复习，我下次一定好好复习。我也不应该对你大喊大叫，惹你生气。”就这样，在接下来的时间里，乐乐和妈妈进行了良好的沟通，母子之间呈现出前所未有的和谐融洽状态。

对于十岁的乐乐而言，每当妈妈大声怒吼呵斥他的时候，他就会感到自尊心受到损害，因而也依样画葫芦，对着妈妈大喊大叫，寸步不让。孩子尚且如此，更何况是成人呢？若我们与他人寸步不让地争执，他人碍于面子，必然也不会对我们承认错误。幸好，乐乐妈妈还是很擅长自我反省的，在意识到正是自己的态度导致孩子也态度恶劣之后，她主动改变自己，从自我做起，与乐乐友好相处，这使乐乐感动得居然流泪了，马上也反省自己的错误，从而使母子之间的关系产生了质的飞跃。在成人社会中，在与人交往的时候，假如我们也能像乐乐妈妈一样主动反思自身，就一定能够得到他人的善待。

尤其是在交往陷入僵局时，与其与他人怄气，导致事情的结果越来越恶化，我们不如大人有大量，做到积极主动地原谅别人，也以软话给别人台阶下。这样一来，别人就会成为我们眼中影像的折射，像我们友好地对待他们一样真诚地对待我们。这样的结局，当然是皆大欢喜的，也能够帮助我们建立和经营好人际关系，对于我们的人生至关重要。

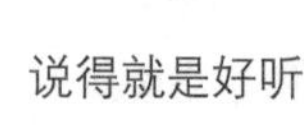

量体裁衣，顺势而为，有效解决问题

中国汉字博大精深，即便是同一句话，因为表达的语气、声调不同，也会产生截然不同的含义。尤其是当语境改变时，话语的意思更是会发生翻天覆地的变化。因而，我们在与他人交流时，一定要把握好语气、语调，更要密切关注语境的改变，做到顺势而为，卓有成效地解决问题。否则，一旦醉翁之意遭到误解，导致交流的双方产生误会，可就得不偿失了。

从这个角度出发，我们在日常生活与工作中，在与人交流的时候，既可以根据实际情况使用模棱两可的语言，也应该根据事情的发展使用明确清晰的语言。总而言之，语言的使用并没有一成之规，一个真正的语言高手，必须要做到语随境变，顺势而为，才能把语言的作用发挥到极致，也才能让语言为自己起到积极正面的辅助作用。

作为旅行团的导游，丝丝经常为了入住酒店时临时出现的问题，和酒店的负责人交涉。这不，丝丝这次带着五十名旅客来到了美丽的黄山，在黄山脚下，他们下了大巴，首先办理酒店入住手续。不想，酒店里的服务员告诉丝丝："您好，因为锅炉房出现问题，所以原本预定的标准间没有热水，只能去公共浴室洗澡。"虽然都是洗澡，但是公共浴室和单独浴室相差甚远，丝丝根本不确定自己能否搞定这五十名旅客。为了不使旅客们集体抗议，她只好亲自与酒店的经理交涉。

丝丝："张经理，请问为何你们酒店的标间里没有热水呢？对于您这样规模的酒店而言，根本不应该出现这样的问题啊！更何况您很清楚我们的旅行团今天傍晚到达，旅客们入住酒店的第一件事就是洗个热水澡，洗去尘埃，然后再吃饭睡觉，等着第二天正式展开行程。"

经理："的确，我也非常抱歉，不过负责热水的张师傅家里有事，临

时请假了。我们已经开放了公共浴室，要不你让旅客们今天晚上先凑合一下吧！”

丝丝：“我的团有五十名成员，而且有很多还是夫妻，他们原本可以住在标准间里随意洗漱，如今却要求他们去公共浴室，这一定行不通。我有两个方法，您可以参考一下。当初我们订房的时候是每人每晚一百元的标准，说好了是有热水的。现在既然没有热水了，那么您就要降低二十元房费，这样我也好和旅客们沟通。”

经理：“这怎么可能呢？住宿的收费标准之前就说好了的呀！”

丝丝：“住宿的条件标准也是之前就说好的，您只需要向上级申请，我却要面对五十名旅客，您觉得哪个难度更大呢？假如您不愿意您的上级知道这件事情，那么希望您能马上找回负责供热水的师傅，给我们在一个小时之内供热水。”

经理听到丝丝言之凿凿的话毫无回旋的余地，又不愿意把此事闹到上级那里，影响上级对自己的印象，因而只好赶紧驱车去接回负责供热水的张师傅。果然，全体旅客在一个小时之内都洗上了热水澡，他们也都为丝丝快速处理问题的能力竖起了大拇指。

在这个事例中，丝丝与经理针对住宿的收费标准和条件标准展开讨论，最终丝丝以非常强势的态度，给出经理两个解决问题的方案。无奈之下，经理为了保住自己的乌纱帽，只好驱车接回张师傅，最终圆满解决问题。

任何事情都处于发展之中，情况也是在不停变化的。在这种情况下，我们作为说话的人，也一定要根据事情的发展变化及时调整自己的思路，改变自己的表达方式。只有该说软话的时候说软话，该强硬表达的时候强硬表达，我们才能尽量圆满地解决问题。

借助于第三者的口说出自己的心声

很多时候，我们明明心中有想法，却因为碍于面子，或者不好意思，或者怕被拒绝，而无法顺理成章地把话说出口。在这种情况下，有一个非常好的办法可以使用，那就是借助于第三者的口，说出自己的心声，这样即便请求被拒绝，也不会觉得难堪。尤其是借助于第三者的口说出自己的赞美之词，效果往往成倍增长，随之说出的请求也会得到心甘情愿的接受，可谓一举两得。当然，如果是批评别人的话，也可以借助于第三者的口说出来，这样就能避免与对方的正面接触和冲突，使得对方不那么记恨我们，反而会因为我们的用心良苦而心怀感激呢！不过，需要注意的是，假如这种批评是涉及到隐私的，那么作为传话的第三者，必须是可以知道这份隐私的人。否则，为了用第三者的口传达，却透露了别人的隐私，一定是得不偿失的，还会导致严重的后果。

尤其是在现代社会，人们的心思越来越缜密。不管是在生活中还是在职场上，人们一方面能够做到坦然相对，另一方面心中的小九九也越来越多。与其当面鼓对面锣地说个一清二白，不如借助于第三者的口说出自己的心声，这样万一事情僵化，还能有回旋的余地。

近来，亨特想在家里举行一个宴会，专门宴请亲朋好友以及公司里关系比较要好的同事。因此，他提前一个月就把这件事情告诉了妻子玛丽，玛丽在初步统计人数之后，不由得发起愁来。原来，这次宴会至少将要宴请六十人，不得不说，宴会的规模不小，对于担任主厨的玛丽而言，同时准备这么多人的食物，的确是个让人头疼的难题。

在经过精心策划之后，玛丽制定好菜单。然而，玛丽虽然很擅长做肉类的食物，却不太擅长做甜点；而且，她一个人也根本忙不过来，由此她产生

了一个想法：相邻街区的莉莉非常擅长做甜点，如果能够把她请来，则不但解决了甜点的问题，自己也多了一个帮手，无形中会轻松很多。然而，玛丽与莉莉并不太熟悉，她很怕遭到莉莉的拒绝。一天，正当玛丽为如何邀请莉莉而感到担心时，突然，她看到莉莉的好朋友露西正经过自己的家门前。

玛丽灵机一动，赶紧打开家门走出去，和露西搭讪。她先是和露西寒暄了几句，接下来就提及自己即将举行家庭宴会的事情，由此说到甜点的问题。这时，露西看到玛丽发愁的样子，说："其实，莉莉特别擅长做甜点，而且她也是个热心肠。"玛丽佯装惊讶地问："你说的是前面街区的莉莉吗？"露西点点头，玛丽继续夸张地说："我可是知道莉莉的甜点水平，简直不逊色于五星级大厨。前几个月，社区里举行活动，我也参加了，有幸吃到了莉莉做的甜点，到现在我依然念念不忘呢！要是能够请到莉莉，当然是我三生有幸，那么我们的家宴一定会提高很多个档次。不过，我和莉莉并不熟悉，不知道她能不能赏光帮忙呢！"说完这番话，玛丽又与莉莉寒暄了一会儿，就彼此告辞了。

果然不出玛丽的所料，没过几天，露西就把话传到了莉莉的耳朵里，莉莉听到一个只吃过自己一次甜点的人就对自己的甜点念念不忘，又听到露西转达的玛丽对她的赞美之词，不由得沾沾自喜。因而，当玛丽过了几天之后带着自己做好的烤鸡来登门拜访时，莉莉对待玛丽就像对待自己的老朋友一样，非常热情亲切，对于玛丽的请求，她几乎不假思索地就答应了。

玛丽非常聪明，她故意借助于莉莉的好朋友露西的口，表达了自己对于莉莉的赞美和赏识。正因为这份赞美出自于露西，所以效果成倍增长，使得莉莉对玛丽的赏识心存感激。正因为如此，当玛丽带着自己精心制作的烤鸡登门拜访时，莉莉心里已经和玛丽非常亲近了，而且早就准备好接受玛丽的邀请，去当玛丽家宴的甜点主厨。

同样的赞美之词，当从第三个人口中说出来时，威力就会成倍增长。这

一点，从上述事例中我们已经得到了最好的验证。那么，除了赞美之词外，还有哪些事情是可以借助于第三者的口传达的呢？其实，很多不好当面说的事情，都是可以借助于第三者的口传达的。此外我们还要注意，这里所说的第三者的口，指的不一定是某个具体的人，有的时候，谣言也可以作为第三者的口出现。总而言之，只要我们顺应形势，巧妙利用他人之口，就可以使很多棘手的事情得到圆满的解决。

人生难得糊涂，很多尴尬都是自找的

古人云，大智若愚，大巧若拙。郑板桥也曾说，人生难得糊涂。在现代生活中，倘若我们能把古人的经验运用好，那么就能避免很多尴尬的场合，也能帮助我们经营好人际关系，打破冷场。所谓糊涂，其实并不是真的糊涂，而是根据事情的情况，及时调整自己的策略，从之前的胆大妄为，到现在的胆小怯懦，从之前的快言快语，到现在的沉默寡言，也许一时之间的改变使人惊讶，但是实际上，这种突然反常的举动，恰恰能够帮助人们摆脱窘境，远离尴尬。

从本质上来说，很多人的尴尬都是自找的。通常，越是精明的人，越是寸步不让的人，越是容易陷入尴尬之中。因为他们对于一切事情都睚眦必较，对于一切的人和事业都无法做到宽容谅解，所以导致他们的人生态度也发生改变，最终在生活中越来越局促，也常常遭遇难堪。我们常常说有些人是揣着明白装糊涂，其实这样的人才是真正的聪明人，才能真正在复杂的人际关系中如鱼得水，游刃有余。

有一次，浙江总督胡宗宪的儿子路过淳安。淳安是海瑞的管辖所在，胡宗宪之子因为在淳安没有得到甜头，因此故意找茬，把驿馆的官员吊在树上

暴揍。尽管有很多人都看到了这一幕，但是因为畏惧其权势，根本不敢有任何反对之举。后来，有人灵机一动想到海瑞，因而特意赶去衙门向海瑞报告此事。海瑞闻讯赶到现场，原本想要狠狠惩治这个恶徒，后来又因为忌惮胡宗宪是当朝宰相严嵩的死党，因此不敢轻举妄动。思来想去，他终于想出了一个装糊涂惩治恶徒，又不至于得罪胡宗宪的好办法。

只见海瑞大步流星地穿过人群，走到大树底下，不等那个恶徒张口，就怒喝道："大胆狂徒，居然敢在此撒野！"这时，旁边有人赶紧提醒海瑞："这位是总督大人胡宗宪的公子。"不想，海瑞根本不把这句话听到耳朵里，而是自顾自地说："胡扯八道！胡大人向来清正廉洁，爱民如子，怎么会有这样的儿子呢！这个人一定是不知从何而来的恶棍无赖，所以才会冒充胡大人的儿子，来此诈骗钱财！"说着，海瑞命令手下当即拿下恶徒，放下驿官，然后又命人没收恶徒带着的十几个箱子，说："胡大人四处考察、微服私访，从来都非常节俭，更不会有这么多的行囊。这些箱子里肯定都是不义之财，全部没收，作为民用。"就这样，十几箱白花花的银子都进入国库，胡总督的儿子有口难言。

事后，海瑞马上写信给胡总督，说自己抓住了一名冒充公子之名的恶徒。收到信之后，胡总督有口难言，也无法承认此人正是自己的儿子，只有让海瑞把冒充之人押解到京城，交给他亲自处理。就这样，海瑞不但出了一口恶气，为民当家做主，还使胡总督有苦难言，有口难辩，表面上还要赞赏他的清正廉洁，秉公执法。

在这个事例中，假如海瑞以知道恶棍身份的角色秉公处理，则不但会得罪胡大人，也会因为胡大人在朝廷中有权有势而难免牵连其他无辜的人。为此，他最终想出这个装糊涂的办法，不但狠狠地惩治了胡总督之子，还落得秉公执法的好名声，最重要的是胡大人对此有口说不出，根本无法指责海瑞。如此一箭双雕的好办法，帮助海瑞成功实现目的，也保全了自己和他人，正是邪恶的官场上惩奸除恶的好计策。

朋友们，我们在生活中也难免会遇到这些闹心的事情，如果秉公处理，难免会得罪他人，那么不妨学一学海瑞，装好糊涂做好事情，两不耽误。此外，有的时候我们在与人交流的过程中还会因为各种各样的原因遭遇尴尬，在这种情况下，适当地装糊涂也能帮助我们摆脱冷场，使得人际关系在糊涂之中渡过危机和难关，获得好的结果。总而言之，人生难得糊涂，恰到好处地装糊涂，能够给我们带来很多便利。

说多错多，必须及时弥补才能避免恶果

所谓言多必失，意思就是说人们在说话比较多的情况下，难免会出现口误。正如人们常说的，人有失足，马有乱蹄。在这个世界上，绝没有十全十美的人，也没有说话无懈可击、毫无破绽的人。毕竟说话的时候只是上下嘴唇一碰，有的时候因为嘴巴僵硬了，顺口而出的口误也是难以避免的。当然，更因为语言是人们内心的表现，所以很多时候若人的思想、观念出现错误，也会导致人们的表达出现失误。在这种情况下，我们一定要想方设法及时补救，千万不要一错再错，最终酿成恶果。

尤其是现代社会，生活节奏越来越快，工作压力越来越大，人们长期处于精神紧张之中，遇到事情难免会有过激的反应，也可能因此导致祸从口出。此时，最重要的不是抱怨自己，而应该保持冷静和镇定，想办法弥补失误。然而，民间还有句俗话，叫作说出去的话，泼出去的水。尽管覆水难收，我们也很难彻底消除错话带来的影响，将其从受到伤害的人心中拔出，但是可以使用妙言妙语，在第一时间里把错误弥补好，使其天衣无缝。不得不说，这样的弥补难度很大，不但需要我们拥有机智灵活的思维，还需要我

们能够恰到好处地运用语言。

作为一名空姐，小薇在正式走上岗位之前，不但进行了很多方面的相关训练，还专门接受了语言训练。毕竟，当飞机飞到空中时，空姐就必须负责处理很多危急的突发情况，尤其是当旅客心情不佳发生口角时，空姐更应该以语言安慰旅客，使其恢复情绪的平静和理智。即便如此，小薇在真正工作的过程中，也时常出现口误，因而学会补救口误就显得至关重要。

有一次，小薇和平日里一样，把旅客当成上帝一样尽心尽职地为其服务。飞机起飞不久，作为空乘，小薇开始询问旅客是否需要早餐，因为飞机上即将开始供餐。当她问到一位中年夫妇他们的小小幼儿是否需要牛奶时，男旅客回答："谢谢，不需要。我们的宝宝吃的是人奶。"也许是因为走神，也许是因为紧张或是其他原因，小薇没有听清楚这位旅客的回答，依然彬彬有礼地说："好的，如果您的宝宝需要用餐，请及时通知我。"这位男性旅客听到小薇的回答，惊讶极了，想了一会儿又突然哈哈大笑，小薇窘迫极了，站在那里不知所措。思来想去，她灵机一动地说："当您的宝宝需要用餐时，我会带着您的爱人和宝宝一起去私密的空间里，让您的爱人进行哺乳。"这样的回答，及时缓解了刚才的尴尬，也使得小薇圆满弥补了口误。

作为一名空姐，小薇每天的工作就是和旅客打交道。面对不同的旅客，小薇当然也需要及时调整自己的服务语言。在这个事例中，小薇因为没有听清楚旅客的话，因而回答问题出现失误，导致自己非常窘迫。幸好，她及时想到弥补的办法，以"带着母婴去私密空间哺乳"为由进行周全，最终不但消除了尴尬，也使得自己的服务更加细致入微。当然，这只是口误给人造成尴尬的情况，还有些时候，口误还会造成严重的后果，给人们的生活招致麻烦，带来困扰。在这种情况下，我们更应该及时弥补口误，这样才能保全自己和他人的颜面，也使得事情得以圆满解决和平稳过渡。对于生活中那些宁愿继续坚持口误，也不愿意及时补救错误的人而言，他们必然付出惨重的

代价。

一般情况下，弥补口误也是有方法的。当然，这一切都要以说话者的随机应变为基础。首先，说话者可以采取转移的方法，把已经表达过的错误观点转嫁给一个不相干的人，或者是不知名的人，从而更正自己的说法。其次，还可以采取及时转折的方法，在意识到自己的错误之后，马上转变话锋，说出正确的观点，此外，也可以以弥补的方式进行。最后，还可以使用延伸意义法。顾名思义，这个方法的要点在于，在作了错误的表达之后，马上对其意义进行延伸，使其变成正确的意义。不过需要注意的是，在表达的时候也不可过于牵强附会，一定要采取恰到好处的言辞，进行平缓的过渡。否则，就会欲盖弥彰，使得后果更加严重。总而言之，金无足赤，人无完人，每个人在说话的过程中难免会出现失误。在这种时候千万不要慌张，因为不知所措是无法弥补错误的，只有保持镇定和冷静，才能及时想出好方法，作出补救。

第09章

斗智不斗勇，耐心说服让他人心服口服

§

现实生活和工作中，我们常常与他人产生分歧，因而也就需要说服他人。尽管说服看起来是很简单的事情，实际上要使他人发自内心地心服口服，还是很困难的。在说服他人之前，我们不但要从各个方面进行充分的准备，还要深入了解他人，更要在说服他人的过程中灵活机智、随机应变，这样才能成功地说服他人，使他人真正心服口服。

§

把强硬的话说软，也许效果显著

在面对人生之中的很多事情时，人总是难以面面俱到，常常因为一时糊涂或者脑筋短路，作出糊涂事，甚至还会犯错。当然，这种情况既有可能发生在我们自己身上，也有可能发生在别人身上。发生在我们自己身上时，我们也许会进行深刻的自我反思，严厉地批评自己，也有可能对自己宽容大度，轻而易举地原谅自己。但是一旦这种事情发生在别人身上，即别人因为粗心大意或者其他原因对我们犯了严重的错误时，我们的反应往往会过激，或者怒火中烧，或者声色俱厉地斥责他人。其实，人非圣贤，孰能无过，既然我们能够原谅和接受自己的错误，也就应该学会原谅和宽容他人，为他们保全颜面。对于任何人而言，面子问题都不容小觑，我们唯有学会保全他人的颜面，才能得到他人的尊重和认可，他人也才会虚心接受我们的建议和意见。否则，一旦我们肆无忌惮地伤害他人的颜面，轻则失去一个朋友，重则导致他人感到难堪，甚至产生叛逆心理，以致事情的结果更加恶化。

生活中，有很多性格强势的人说起话来硬邦邦的，尤其是很多当惯了领导的人，恨不得所有人都是他们的下属，都可以任由他们发号施令。其实，这样的语言习惯是非常不好的。正如著名的北风和南风之间的比赛一样，严峻寒冷的北风最终失败了，反倒是和煦温暖的南风获得了胜利。语言的道理也是如此，唯有把强硬的话说得柔软一些，才有可能收获好的效果。颐指气使的话反而会导致事与愿违，也会使人陷入被动之中。

正值金融危机，大学毕业的玛丽好不容易才找到一份在珠宝店里实习的工作。她很珍惜这个工作的机会，几乎每天都是第一个到店里打扫卫生，下班的时候也总要把所有东西都收拾好才离开。她最大的愿望就是能够顺利得到这份工作，这样她就可以帮助寡居的妈妈分担抚养弟弟的重负了。

一天早晨，因为下了一夜的大雪，地上满是厚厚的积雪，天气冷极了。玛丽比以往起得更早，她不但像往常一样提早到店打扫好店里的卫生，还想找些硬纸壳铺在门口的地上，以防进店的同事和顾客们因为湿滑，不小心摔倒。她一路上行色匆匆，比以往早了十分钟来到店里。她打开店门，开始打扫卫生。正当此时，她远远看到街道上有个男人冲着店里走来。玛丽眼睁睁地看着那人男人推门而进，心中不由得感到紧张。这个男人大概四十岁左右，穿的衣服脏兮兮的，头发也十分油腻，紧紧地贴在头皮上。看起来，他似乎一夜没睡，眼袋很大。这个男人来到柜台前巡视着，玛丽有些紧张地看着他，柜台上还有一盒她刚刚拿出来整理的钻戒。这当此时，电话铃突然响起来，玛丽着急接电话，不小心把一盒戒指都打翻在地上，戒指滚得到处都是。玛丽赶紧四处寻找戒指，然而经过一番寻找，她只找回了五个戒指，还差一个。这时，玛丽看到那位男士正准备推开门往外走。

怎么办呢？玛丽很清楚丢失的那个戒指一定在男士的手中，然而此时街道上空无一人，店里也只有她一个人。思来想去，玛丽以柔和的语调说：“先生，请您留步……您知道，现在是金融危机，找工作很难。我的爸爸很早就去世了，我妈妈辛苦地供养我和弟弟读书，如今我大学毕业后足足半年才找到这份工作，我很需要这份工作，我要帮妈妈承担起抚养弟弟的重任……”那位男士停下脚步，没有回头，就这样静静地站在那里听玛丽讲述。思考片刻之后，他回过身对玛丽说：“姑娘，你很优秀，一定能够留下来继续工作。”说完，他走向玛丽：“我祝福你，咱们握个手吧！”玛丽紧张地伸出手去，男士和她握手之后离开了，那枚戒指就这样留在了玛丽的手

掌心里。

在这个事例中，如果玛丽当时声色俱厉地呵斥那个男人，指责他偷了店里的戒指，也许结果就会截然不同。男士或许会因为受到惊吓带着戒指夺门而逃，或许会因为被揭穿而恼羞成怒，总而言之，结果都不会很好。幸好玛丽非常冷静，也很理智，她采取委婉的方式提醒那位男士，以自己悲惨的身世赢得对方的同情。最终，这位男士感激玛丽没有戳穿他，也很同情玛丽的悲惨身世，所以选择把戒指还给玛丽。不得不说，这就是柔软的力量。

朋友们，在生活和工作中，我们一定要学会给他人保留颜面。不管他人犯了什么错误，他们总是有做人的尊严。很多情况下，我们想要说服他人，与其言辞激烈强硬，不如设身处地地为他人着想，这样反而能够获得他人的认可与谅解。而且，人的很多需求都是合理的。我们唯有尊重他人的需求，理解他人一时冲动下做出的过激举动，才能真正把话说到他人的心坎里。也许有人觉得采用这样的委婉方式是在浪费时间，其实，曲径通幽，直线的距离未必就是最短的，生硬也许反而会导致事与愿违。

让别人不知不觉顺着你的思路

要想验证一个人口才能力的高低，最好的办法就是看他能否成功说服他人。无疑，每个人都是这个世界上独一无二的个体，不但外在表现各不相同，而且内在的品质、性格习惯、态度观念等，也都是截然不同的。在这种情况下，人们遇到事情的时候产生分歧，也是非常正常的，完全情有可原。

其实，说服的方法有很多种。针对不同的事情、不同的表现对象，我们也往往会采取不同的方法。诸如强制的方法虽然看起来最直接、效果显著，但是因为其强制的特点，往往会导致被说服者口服心不服，或者是只是暂时

作出妥协。此外，晓之以理、动之以情的方法，往往对从谏如流的人有好的效果，而对于那些固执己见的人，很难产生立竿见影的效果。归根结底，我们说服他人的目的就是使他人心甘情愿地改变自己，顺应我们的思路去思考和选择。由此可见，引导他人情不自禁地进入我们的思路，沿着我们的思维去找到问题的答案和解决问题的方法，使他们真正把我们的理想思路变成他们自己的，这种说服方法才能从本质上彻底解决说服的难题。

从说服的心理过程而言，一个人之所以抗拒他人的说服，就是因为从心理上无意识地抗拒他人的想法，由此形成了内心的屏障。引导他人顺着我们的思路思考问题，无形中就突破了他人的思维屏障，由此一来阻止说服成功的最本质障碍也就不复存在。这种情况下，人们对于自尊、面子等问题的顾忌，也都完全消失，不再受到困扰。对于说服工作而言，可谓一通百通。

作为一名银行的工作人员，亨利几乎每天都要要求前来开户的客户们填表格，并且把很多重要的个人信息都填到表格上。然而，他也常常遭到很多客户的抗拒，尤其是那些有钱的大客户，他们总是拒绝把重要的私人信息填到表格上。每当这时，亨利总是坚定不移地说："这些信息必须填写，否则您就无法开户。"在这种情况下，很多客户在填了一半表格之后起身离开，终止开户，因此亨利在工作上的表现很差。

后来，亨利精心研究说服别人的技巧，决定当再次遇到这种拒绝填表的客户时，采取新的有技巧的方式说服他人。这一天，乔治来到银行里开户，对于那些私人信息，乔治同样表示了质疑。这时，亨利一反常态，再也没有告诉乔治不填表就不能开户，而是委婉地为乔治说："其实，乔治先生，这些信息并不是必须填写的。"乔治不假思索地回答："当然，这些信息完全可以不填，真不知道你们为何要把它们列举上来。"亨利又说："其实，银行需要得到这些信息，也是为了储户着想。您知道，现代社会中随时随地都充满了意外，谁也不知道明天会发生什么。既然您把钱存到我们银行，我们

就必须要为您负责。如果有了您最近的亲属的名字和联系方式，在必要的情况下，我们很容易就能联系到他们。这样，也减少了银行里坏账的比率。您知道，银行里每年都有很多储户人彻底联系不上，出现账户成为坏死账户的情况。虽然最终钱都入了国库，我们作为银行，还是希望把这些钱交给储户人的亲属，这才是物归原主。”

听了亨利的话，乔治觉得很有道理，他不再迟疑，把自己亲属的名字和联系方式，写在了联系人的栏目中。在接下来的好几项里，当他在亨利的启发下意识到银行并非想要打探储户的私人信息，而只是为了储户好时，他都不再迟疑。

在这个事例中，亨利之所以以前工作表现很差，就是因为他生硬的回答方式使得前去银行的开户人觉得难以接受。后来，他改变策略，把银行所做的一切都耐心地解释给储户听，使储户意识到银行实际上是为了储户好，因而储户全都很乐意地填写表格，亨利也从而成功改善了自己的工作状况。

朋友们，每个人在思考问题的时候都会情不自禁地从自身的角度出发，也会更加关注自己的利益。我们在说服他人的过程中，对于他人抗拒和排斥的东西，一定要耐心解释，将他人引入到我们的思路之中，使他们意识到我们所做的一切都是为了他们好。这样一来，他们才会把我们的想法变成他们自己的想法，由此，一切抗拒排斥自然也就不复存在。其实，在真正说服的过程中还有一个小小的技巧，即尽量让对方说“是”，而不要让对方说“不”。一旦帮助对方形成了说“是”的惯性，接下来的说服工作也就会容易得多。

说服他人要动之以情，晓之以理

说服他人时，最根本的原则就是晓之以理，动之以情。任何时候，这条原则都是不可动摇的。所谓说服，从本质上而言就是摆事实，讲道理，从而帮助他人认识到我们所说的话很有道理，最终心服口服地接受我们的意见和观点。需要注意的是，任何强制的说服都无法起到预期的效果，因而我们在说服他人的过程中必须杜绝强制，而要言之有理，根据事实说话，这样他人的反抗和排斥才会不攻自破。

简而言之，晓之以理就是讲道理。一件简单的事情看似简单，但要想让别人接受，必须把其中的道理说清楚、说透彻，再加上恰到好处的分析，才能使人发自内心地接受。很多朋友都曾经写过议论文，对其中的论点、论据和论证印象深刻。我们必须养成大局观，千万不要认为凡事只从一点出发就能触类旁通，真正成功的说服必须从大局出发，从各个方面进行深入浅出的说服，最终才能水到渠成地说服他人。有些高明的说服者，在进行了说服前期的一切工作之后，还会把作出结论的权利交给对方，最终由对方亲自得出说服的结论，这样一来，被说服者怎么还会质疑自己的结论呢？

当然，我们很难仅凭晓之以理这种单一的方式说服他人，很多时候，晓之以理唯有与动之以情相互结合起来，彼此呼应，才能得到预期的效果。很多人对于所谓的大道理根本没有感觉，或者他们即便认可了道理，也因为与说服者感情上不相容，导致说服的效果很差。在这种情况下，作为说服者，我们千万不要一味地讲道理，而要认真观察，了解被说服者为何听不进去我们的话，如果是感情上不能接受，那么就要对症下药，及时弥补感情上的缺陷和不足。唯有有的放矢，我们才能让说服的效果事半功倍。

当然，从辩证唯物主义的角度来看，任何事情都是有利有弊的。说服也

是如此。在说服他人的过程中，我们还应该综合考量，权衡利弊，区分清楚利害关系，才能最终如愿以偿。此外，我们还要根据被说服者的不同特点，及时调整策略。对于声明大义的人，也许只要讲道理就足以；对于重感情的人，可以把感情上的沟通与共鸣放在首位。总而言之，只有因人制宜，有的放矢，我们的说服才会获得成功。

新中国成立初期，有一天，陈毅市长去一家纺织厂里进行视察。当时，老板正在为工会废除“抄身制”忧愁不安呢，因而看到陈毅市长来了，马上开始抱怨：“市长，不当家不知道柴米贵啊，现在工会主张废除‘抄身制’，我们这小本经营的买卖真是吃不消，只怕到头来会被偷光了呢！”

这时，陈毅气定神闲地喝了口茶，说：“我在做生意方面肯定不如你，因为我从来都是当工人，从未当过老板嘛！但是，我对工人的心理却了解透彻，如何管理工人、与工人打成一片，在这个方面，你还真是要向我请教呢！话说我曾经在法国当工人，法国的老板对待工人真是狠啊，他们也抄身，哪怕在身上藏一根针，也躲不过那严苛的搜查。但是，即便如此，老板也依然无法制止工人的偷盗行为，归根结底，在他们心目中工人只是赚钱的工具，他们恨不得给工人最少的工钱，而让工人做最多的活。如此一来，工人怎么能不民怨沸腾呢！”

听了陈毅的话，老板连连点头，陈毅接着说：“要我说，一个人如果能够吃饱穿暖，是不会想去偷的。只要你给工人合理的待遇，让他们能够养家糊口，就算你不抄身，工人也不会继续做丢人的事情。但是，这么做的前提是，你必须了解工人的疾苦，把工人当成你的兄弟和朋友，要意识到他们也要生存，也要养家糊口。”陈毅的话彻底打动了纱厂老板，他当即表示一定坚决拥护工会废除“抄身制”的决定。后来，老板对工人们非常好，给予工人丰厚的待遇，工人果然不再利用工作之便偷东西了。

在这个事例中，作为资本家，工厂老板总是像防贼一样防备着工人阶

级。殊不知，在他如此的鄙视心态下，再加上吃不饱穿不暖养不了家的现状，工人自然会与资本家站到对立面，与资本家对着干。陈毅市长的话恰恰说到了点子上，没有人在衣食无忧的情况下愿意去偷去抢，老板解决问题的时候不能舍本逐末，而应该从工人阶级的立场出发，切实地为工人阶级解决生活上所面临的难题。

对于任何说服工作而言，首要以及关键之处就在于突破对方的心理防线。任何时候，我们必须打动他人的心，这样才能真正成功地说服他人。不管是晓之以理，还是动之以情，我们都要打动人心。当然，说服也是有技巧的，即我们一定要尊重他人，并且努力寻找共同之处引起他人的共鸣。此外，为了能够让他人心甘情愿地接受我们的意见和态度，我们还应该从对方的立场出发，这样才能设身处地地为他人着想，说出来的话也不至于引起他人的排斥和抗拒。

使人绝望，也许恰恰是给人希望

说服的方法多种多样，除了使人跟着自己的思路进行思考，晓之以理、动之以情之外，还可以恰当地给人绝望感。当然，这种绝望感的由来并非无缘无故，举例而言，我们可以先顺从对方的意见和观点，然后根据对方的想法进行推断，最终使对方意识到如果不及时改变，就会走进死胡同。在说服的领域，这种方法也被称为“绝望进攻术”。这和一直以来很多人都擅长的以退为进有着异曲同工之妙，被说服者在感受到绝望之后，就会自然而然地主动放弃曾经的想法，积极改变，由此说服也水到渠成。

通常情况下，人们在说服他人的时候，往往把侧重点放在如何摆事实讲道理地向对方证实自己的想法是正确的这一方面。然而，每个人都是很固

执的，也更愿意坚持自己的想法，由此导致心中的隔阂顿生，使得说服者就算绞尽脑汁，磨破了嘴皮子，也无法使被说服者感到怦然心动。所谓条条大路通罗马，在解决问题的过程中，我们应该学会灵活使用发散性思维，尝试着从生活的各个角度解决问题。例如，由因及果的推理如果不起作用，那么我们就可以使用逆向思维，从结果反推原因，也许能够起到事半功倍的效果呢！绝望感恰恰就是遵循这个道理，帮助我们更好地说服他人。

近来，尤其是在大城市中，给孩子报名参加课外补习班的家长越来越多。作为一名老师，西西妈妈一直都坚持不给西西报班，从而减轻西西的压力，不过，眼看着西西进入小学四年级，书写方面却很糟糕。为此，妈妈想给西西报名参加一个练字班。不过，她也很担心在课外时间里已经闲云野鹤惯了的西西排斥，因而想出了一个好办法。

周末，妈妈问西西："西西，你们班哪位同学的课外班最多啊？我上次听到一个妈妈说，她家孩子居然报名参加了七个课外班呢，几乎每天放学之后都有课。"西西不假思索地说："这不算最多的，我们班报班最多的同学是娅菲，她居然一周有九个课外班，有的时候放学之后要赶两场，回家写作业的时候都已经七八点钟了呢！直到十点多，才能把作业写完。"妈妈故作惊讶地说："啊，不如你问问娅菲都报名参加了哪些课外班吧，正好妈妈也想帮你报名参加课外班，但是不知道应该报些什么。不如，咱们就参考下娅菲的课外班吧！"听到妈妈的话，西西做出晕倒状，说："妈呀，您不是想把我累死吧，我可不想每天十一二点才写完作业啊，早晨起来不得困死么！"妈妈说："但是，别人都有课外班啊，你不觉得自己也需要提高吗？"西西狡黠地说："但是如果我被累死了，还如何提高呢？"

这时，妈妈话锋一转，说："的确，九个课外班是有点儿累了。那么如果只让你参加一个课外班，练练字，你觉得如何？"西西马上欢呼雀跃："真的吗，妈妈？我只需要参加练字班吗？这可真是太好了！"就这样，西

西高高兴兴地接受了妈妈对她的安排，每周上一次书法课，练习钢笔字。

原本，西西很有可能反对妈妈给她报名参加任何课外班，毕竟她已经习惯了这样的学习生活。然而，妈妈又意识到西西的字需要好好练练，无奈之下，就只好采取了“绝望进攻术”，先是以闲聊作为开始，让西西认识到很多同学都报了七八个课外班，而她也即将面临这样的境遇。在感到绝望，觉得自己无路可逃之后，妈妈又话锋一转，同意只给西西报名一个课外班——书法班，从而使得西西转忧为喜，对于这个额外多出来的课外班非但没有排斥，反而还因为妈妈没有给自己报名参加八九个课外班感到庆幸呢！

使用“绝望进攻术”，最重要的是要作好对比。正是因为有了绝望与希望的对比，被说服者才能主动劝说自己接受还不至于那么糟糕的现状，也能够顺其自然地接受他人的劝说。在使用“绝望进攻术”的过程中，我们一定要注意采取两种方式，即虚实结合。唯有将虚与实作对比，我们才能更好地使对方作出明智的选择，而且在对比鲜明的情况下，这种选择甚至会非常轻松地实现。不得不说，对于难以被说服的人，给予他们绝望感，将会是非常好的说服方法。

有的放矢，说服才能效果显著

古人云，知己知彼，百战百胜。在现实生活中，这句话也在很多方面都得到了验证。这句话不但适用于战场，也同样适用于我们的生活。例如在说服他人的过程中，如果我们根本不了解一个人，也不了解事情的本质，就开始滔滔不绝地发表自己的观点，那么这样的表达往往是无效的。反过来，假如我们能够在说服他人之前多多了解他人，知道他人的脾气秉性，也知道他人的心结所在，如此有的放矢地进行说服，把每一句话都说到他人的心里

去，则说服就能事半功倍。这就像是医生给病人看病，如果没有经过望闻问切的过程就给病人下药，轻则药不对症，重则贻误病情，导致人们的病患更加严重。相反，一个合格的医生，或者说是优秀的医生，只有在充分了解病人病情的基础上，才会更加准确地对症下药，这样不但使治疗效果显著，也避免了耽误时间，贻误病情，更能够彰显自己的高超医术。

毋庸置疑，每个人的时间和精力都是有限的，在说服他人的过程中，我们不可能无休止地投入时间和精力。因而，为了节省时间，保存精力，我们必须奉行“好钢用在刀刃上”的原则，在充分了解具体情况和说服对象的特点之后，有的放矢地展开说服工作。很多人都知道南辕北辙的故事，假如我们毫不了解情况就开展说服工作，也很有可能会犯同样的错误。

张大爷今年已经六十岁了，二十年前，他因为厂子倒闭，不得不每年自己交社保。眼看着终于把这二十年的社保交完了，他兴冲冲地在满了六十周岁之后去办理退休手续。原本，张大爷打听到那些和自己年纪相仿的职工每个月都能拿到三千元退休金，因而想道：我是厂里的医生，是行政级别的，也许工资还会比他们高些吧！

然而，经过几天的奔波劳累，张大爷终于拿到第一个月的退休金，居然只有两千五百块钱。这时，不但张大爷惊讶不已，和他同去的张大妈也如同遭遇晴天霹雳。张大妈当时就流泪了，喃喃自语：“你都工作这么多年了，光是咱们自己交钱，都交了这么多年，怎么才拿这点儿钱呢！怎么还没有普通的退休工人拿得多呢！”思来想去，张大妈始终过不去这个坎，居然病倒了。

女儿得知此事后，对张大妈说：“妈，你要是一直想不开，身体生病了，岂不是要花更多的钱吗？”张大妈愤愤不平地说：“你知道你李大伯吧，他比你爸爸早一年退休，还是个工人呢，人家的退休金都有三千块啊！”女儿笑着说：“妈，别跟人家比啊。你想想，人家在厂里干了一辈

子，吃苦耐劳的。但是我爸呢，四十岁厂子倒闭之后就自己干了。要不是我爸这二十年来开诊所，每个月都挣个万儿八千的，我和弟弟的学上得也没那么容易吧！但是这二十年里，李大伯一直在工厂上班啊，每个月就拿两千多的死工资，那么如果让你选，你是选择这二十年里每个月少挣七八千，孩子大学也不给上了，还是选择退休之后每个月少拿五百啊！”女儿的话让张大妈陷入沉思，女儿继续说：“这二十年可正是咱家用钱的时候，就算当初明确告诉你们下岗之后，退休后每个月要少拿几百块钱，但是在这二十年里你完全自由，想去哪里就去哪里，想挣多少就挣多少，只怕你们也会选择后者啊！对不对，妈？”张大妈在女儿的劝说下茅塞顿开：“闺女啊，你说得对，我怎么就想不通呢！这二十年里，咱们家幸亏你爸爸自己开诊所，才能供得上一家人的吃喝拉撒，还养活了你们两个孩子，你们还都顺利大学毕业了呢！”女儿笑着说：“想开就对了呀，我和弟弟就是你们最大的收获。要是你觉得钱太少了没法过日子，我和弟弟说，我们俩每个月给你们加一千块钱。”听到女儿的话，张大妈不由得破涕为笑，说：“不用了，不用了，我也有退休金，我和你爸根本花不完这么多钱呢！”

因为老伴实际拿到的退休金没有预期的多，张大妈一下子绕不过来弯，非常沮丧失落。眼看着她病倒了，幸好女儿知道妈妈的心结所在，有的放矢，在劝说妈妈的过程中抓住重点，有效减弱了妈妈吃亏的感觉，反而使妈妈觉得这二十年的自由发展是白赚来的，且彻底改变了家庭和子女的命运。由此一来，张大妈心理得到平衡，心病自然也就好了。

众所周知，我们要想与一个人很好地交流，首先必须深入了解这个人，然后还要在交谈的过程中及时感受事情的发展变化，这样才能抓住关键之处劝说别人，也说服自己。这样有的放矢的说服，哪怕寥寥数语，也能成功打开他人的心结，使得说服效果倍增。相反，假如是没有目的地侃侃而谈，即使说得再多，也会因为话不对路，使说服工作成为毫无意义的无用功。

说服过程中，学会说“假如我是你”

一场真正成功的说服，绝不是以强硬的手段逼迫对方就范，而是能够让对方真正与我们达成共识，从而心服口服，并能够让对方设身处地站在我们的角度上考虑问题，最终真正理解和宽宥我们。因此，在说服他人的过程中，我们也许有很多风格的语言可以采用，但是最为切实有效的语言是“假如我是你”。在说服他人时，这句话有着神奇的魔力，能够瞬间帮助我们摆脱主观的立场，从而使我们站在他人的角度思考问题，作出选择。这样一来，不但使我们的劝说在他人听来更加入耳，充满神奇的效果，也可以使他人在听到我们的这句话时，明确意识到：哦，原来他是站在我的角度考虑问题，给我提出建议的。这种想法一旦萌生，对方必然更加认可我们的劝说，也会尽量发自内心地认真考虑我们的建议，由此，我们距离成功劝说他人，使他们心服口服也就不远了。

“假如我是你”，在说出这句话的同时，就意味着我们的初衷是为他人着想，将心比心，从他人的立场出发思考问题，作出选择。在与利益息息相关的情况下，这也意味着我们并没有仅仅从自己的利益角度出发，而是在竭尽所能地考虑他人的利益。由此一来，我们也就成功打开了他人的心门，使他们对我们不再一味地抵触和抗拒。前文曾经说过，心理上的屏障是我们说服他人时的最大障碍，因此当说服进展到这一步时，一切的阻碍都将烟消云散。

近来，年轻的小娜面临着一个重要的抉择，原来，小娜有两个追求者，一个是老实本分的刘刚；另一个是虽然英俊潇洒却不能踏实过日子的李强。小娜既喜欢刘刚的脚踏实地、勤奋刻苦，又觉得有李强那样的男朋友一定很风光，带到小姐妹面前也一定能够招来小姐妹的羡慕。对此，父母不止一次地建议小娜选择刘刚，而坚决反对小娜和花里胡哨的李强在一起。但是，小

娜始终拿不定注意，似乎根本不知道自己如何才能得到梦寐以求的幸福。

一个周末，已经结婚的姐姐回到家里，看到小娜愁眉苦脸的样子，再想想父母对自己的托付，她决定和妹妹好好谈一谈。她问小娜：“小娜，关于个人问题，你到底是怎么想的啊？”小娜为难地摇摇头，姐姐继续说道：“当然，如果只看外表，李强显然比刘刚更合适。不过，过日子可不比谈恋爱，只有花言巧语、甜言蜜语，是无法把日子过好的。假如我是你，我就选择刘刚。你也知道，你姐姐当年也算是厂里的一枝花，为何没有选择厂长家风流倜傥的大公子，而是选择了发奋努力的小王呢？就因为我觉得一辈子不是朝夕之间，过日子更是要付出很多的。在这种情况下，假如只为了面子上好看，日子却过不好，是得不偿失的。”

小娜为难地点点头，似乎心有不甘，姐姐继续说：“假如我是你，我一定选择刘刚。刘刚尽管没有李强帅气，但是人也长得不赖，身强体壮的。男人不像女人，不讲究是不是漂亮，绣花枕头再好看也没有用。况且，我一眼就看出来刘刚虽然沉默寡言，但是和你姐夫一样是个值得托付的人。相信我吧，妹妹，姐姐可是过来人，不会看错的。”最终，小娜在姐姐的极力劝说下，和刘刚确定了恋爱关系。果不其然，尽管刘刚沉默寡言，但是非常体贴入微，把小娜照顾得妥妥的，结婚之后家里的大事小情从未让小娜操过心。

面对父母的强制命令，小娜所表现出来的只有抗拒。但是面对姐姐设身处地的“假如我是你”，小娜却不由得怦然心动。的确，鞋子合适与否只有脚知道，作为过来人的姐姐确定找伴侣一定要找实用的、对自己的好的，小娜对此根本无可辩驳。尤其是，姐姐是站在小娜的角度上来考虑问题的，让小娜从心理上感到亲近了很多，也因此更加心甘情愿地接受姐姐的劝说。

当然，无论采取何种方式，说服别人都是需要技巧的。采取这种“假如我是你”的将心比心战术，也有几点注意事项。诸如，在说出这句话之前，我们首先应该进行铺垫，从而保证在说出这句话的时候得到对方的关注，也

引起对方的兴趣。其次，在说出“假如我是你”的时候，我们对于自身想法的表达一定要准确明晰，而且要坚定不移，倘若我们自己都犹豫不决、模棱两可，又如何能够说服他人呢！最后，我们还应该坚持以情动人，唯有打动对方的心，我们才能真正做到说服他人。总而言之，很多话说起来容易做起来难，我们只有根据事情的发展和变化，及时调整说服他人的思路和方法，才能如愿以偿地说服他人，使我们得到期望的结果。

激将法的精髓就在于正话反说

当我们无论如何努力，都无法成功说服他人时，不妨换个思路，打开思维，采取一种全新的办法——激将法。通常情况下，激将法是采取正话反说的方式，虽然我们心中非常渴望他人接受我们的劝说，却故意对他人表现出不屑一顾的样子，最终使他们根本无从琢磨我们的真实意图，又因为我们的鄙视、不信任、质疑等表现，反而主动按照我们所期望的那样去做。这就是激将法。

现实生活中，很多人都曾有过正话反说的经历，大多数情况下是为了刺激他人的情绪，使他人感到愤怒。不过，当我们把这个方法用于说服他人时，一定要注意把握好合适的度。否则，激将法一旦过渡，很有可能导致他人破罐子破摔，根本不再积极地作出努力。此外，我们还需要注意的是，激将法也要表演得毫无破绽，千万不要被对方识破，否则对方就会对你的一切言辞都无动于衷，最终导致事与愿违。

当然，根据说服对象的脾气秉性的特点，我们也应该慎用激将法。通常情况下，激将法对于自尊心比较强的人效果显著，对于那些自暴自弃的人，则只会使他们彻底放弃。因而在使用激将法之前，我们首先应该充分了解对

方，切勿对不熟悉的陌生人盲目使用激将法，以免弄巧成拙。

三国时期，曹操进攻樊城，刘备兵力不敌，只得渡江，退避曹操。在当阳，刘备遭遇曹操军队的围攻，吃了个大败仗。在这种情况下，为了增强刘备的兵力，诸葛亮想要劝说孙权与刘备联合起来，对抗曹军。然而，诸葛亮非常聪明，在看到孙权器宇轩昂之后，他意识到孙权非常自负，根本不可能答应与刘备联合起来声讨曹操。思来想去，诸葛亮没有随随便便地说出这个请求，而是决定要采取激将法，一步到位地获得成功。

在见到孙权的时候，诸葛亮故意说曹操的大军实力强大，足足有150万兵马，但是以孙权的兵力，根本无法与曹操抗衡。作了这样的铺垫之后，诸葛亮故意好言相劝孙权赶紧投降，以免遭受更大的损失。不想，孙权对诸葛亮的说法不以为然，当即反问："既然你劝说我向曹操投降，那么你为什么不劝说刘备向曹操投降呢？"这时，诸葛亮突然大声说道："我的主公是当今世上屈指可数的英雄，得到了无数人的钦佩和敬仰。虽然他现在运气不好，暂时对曹操无可奈何，但是以他的为人秉性和高风亮节，是绝对不会向曹操投降的。"听到诸葛亮对刘备的评价如此之高，却劝说自己投降曹操，孙权心中不由得不服气，因此生气地决定要与曹操对抗到底。殊不知，他这正是中了诸葛亮的激将法。正因为他坚决对抗曹操，牵制了曹操的力量，所以赤壁之战之后才能形成三分天下的局面。

在这个事例中，诸葛亮使用了"反面激将法"，最终成功地劝说孙权联刘抗曹。其实，诸葛亮的本意就是让孙权与曹操对抗到底，但是他并没有流露出任何这样的意思，而是极力劝说孙权向曹操降服。孙权当然也不是愿意服输的人，尤其是在自觉被诸葛亮小看之后，他的自尊心变得更加强烈，发誓要与兵多将广的曹操奋战到底。这样一来，诸葛亮的目的自然也就达到了，虽然孙权没有明确说与刘备联合起来对抗曹操，但是孙权的举动恰恰削弱了曹操的兵力，使得曹操不得不同时对抗两个敌人，最终也就不得不默认

三足鼎立的天下之势。由此一来，刘备的日子当然就好过了许多。

通常情况下，一个人的自尊心越强，就越是容易中反面激将法的“圈套”。从心理学的角度而言，每个人都渴望得到他人的尊重和认可。在自尊心受损的情况下，人们往往会作出很多出人预料的举动，从而使说服者达到目的。当然，这种说服方法因为其特殊性，不能随便用在陌生人身上。在正式使用这种说服方法之前，我们必须足够了解说服对象，才能保证说服起到预期的效果。

第10章
做特别的自己，用别人想不到的方式说话

§

在这个世界上，每个人都是独一无二的个体。每个人不但有着自己独特的个性，也有着自己与众不同的脾气秉性，就连说话，每个人也都有自己的独特风格。有些人说话的时候总是瞻前顾后，生怕一不小心得罪人，因而始终唯唯诺诺，不敢敞开心扉去说。有些人则恰恰相反，他们特立独行，说起话来也是语不惊人死不休，根本不考虑他人的感受，只图自己一时痛快。不得不说，这是两个极端的说话风格。不过，在现代社会要想成为特别的自己，就一定要用别人意想不到的方式说话，这样别人对我们才能未见其人，先闻其声，乃至对我们留下深刻的印象。

§

特立独行，才能给他人留下深刻印象

每个人作为这个世界上最独特的存在，从没有找到任何一个与自己完全相同的人，也不可能找到。面对这样的情况，偏偏有很多人特别喜欢模仿他人，诸如模仿自己喜欢的歌星、明星，模仿自己崇拜的人，或者模仿那些根本不值得模仿的人。不得不说，这样的人缺乏自信，也缺乏自己的独立自主性，因而很难活出自己的精彩。最可笑的是，还有些人会模仿他人说话，殊不知自古以来就有东施效颦，也有邯郸学步，与其模仿他人，不如坚定不移地做好自己，这样才能给人留下深刻的印象。

与这些盲目模仿他人的人相比，有些人则走向了另一个极端，他们特别害怕与别人相似，因此没有限度地发挥自身的个性，甚至为了让自己变得更加突出而刻意地猎奇。不得不说，这样的行为也是不足取的，凡事过犹不及，一旦过度，就会导致事与愿违。我们要特立独行，但是不要耸人听闻。只有在适度的范围内，适当发挥自身的独特个性，才能给他人留下深刻的印象，才能够帮助我们更好地与人交流。当然，语不惊人死不休也完全没有必要，我们只要不盲目模仿他人，保留自身的独特个性，足矣。尤其是说话，既然语言是心灵的表达，我们更要坚持最本真的自我。日久天长，这种与众不同必然成为我们的个性标签，也会使他人印象深刻。

作为刚刚大学毕业的应届毕业生，思雨和大多数同学一样，一直在忙着找工作。不过，他非常郁闷，因为他独特的说话方式，总是难以得到主

考官的认可。诸如，在面对主考官询问“你对于自己的未来如何打算”时，大多数应聘者都会根据自身的实际情况，进行一番对未来的畅想和感言。然而，思雨却很现实，他说得太过于平实，虽然听上去很实际，却缺乏激情。为此，思雨也想改变自己，但是他总是觉得如同喊口号般的自我表白太可笑了，因而无法改变。

有一天，思雨抱着试试看的心情，参加了一家世界五百强企业的面试。对于面试官提出的千篇一律的问题——“对于未来有何打算”，思雨依然坚持自己独特的风格，从实际出发，把自己的理想和人生抱负都说得平实贴切。虽然在诸多的豪言壮语中，思雨的回答显得非常朴实无华，但是出于思雨的预料，他居然在几天之后收到了该公司的录用通知，这可真是有心栽花花不开，无心插柳柳成荫啊，对此，思雨简直欣喜若狂。当然，他当时并不知道自己是如何从众多的面试者中脱颖而出的，直到后来工作以后，他才听到已经成为同事的面试官说：“思雨，你言语朴实，和那些人华而不实的表达完全不同，使我似乎看到了你在工作中潜心专注的样子，所以我对你怦然心动。”原来，是思雨朴素的语言打动了面试官，思雨不由得暗自庆幸自己未曾改变。

在这个事例中，思雨之所以能够得到面试官的赏识，就是因为他坚持自己的个性，坚持自己的表达风格。假如他也在数次面试失败之后改变自己的风格，和他人一样喊口号，说些华而不实的话，那么他也许会与这次千载难逢的好机会擦肩而过。幸好，他没有那么做，而是保留了自己最本真的特色，因而才能如愿以偿地打动面试官。

不管什么时候，人都是应该保留一些自己的个性的。也许我们的个性看起来毫不起眼，甚至是不值一提，但是对于慧眼识珠的人而言，这样的表达就是最值得赏识的。既然如此，我们为何不能成就最独特的自己呢？一个人只有保留自己的特色，然后再博采众长，才能成就最优秀的自己。假如总是

人云亦云，没有自己的主见和独特见地，则一定会成为贻笑大方的邯郸学步者，最终连路都不会走了。

拉来具有说服力的“对象”，说服效果倍增

古人云，近朱者赤，近墨者黑，一个人生活的环境，最终会在某种程度上决定他将变成怎样的人。由此可见，环境对于人的影响是很大的。举例而言，为什么那些富二代、官二代轻而易举就能获得成功呢？难道是他们天生就比别人的能力强吗？其实不然。归根结底，是因为他们有着得天独厚的资源和环境。从这个角度而言，他们从一出生就比穷人家的孩子占据了更好的起点。诸如他们轻而易举就能得到很多商机，也有足够的资本，但是穷人家的孩子即便自身能力很强，也常常因为缺乏资金，或者没有合适的机会，导致人生闭塞，发展受到阻碍。正因为如此，所以社会上才会出现有钱人更有钱，没钱的人更贫穷的奇怪现象。

当然，这仅仅是从物质的角度来分析环境对人的影响。很多情况下，我们在与他人交流的时候，也可以适当发挥“近朱者赤，近墨者黑”的作用。很多人因为位卑言轻，以致不管说什么话都不被他人重视。在说服他人时，我们也常常面临这样的问题，我们说出去的话总是无法得到他人的重视、肯定和认可。在这种情况下，如何才能更好地说服他人呢？其实，最好也最直接的办法，就是借助于那些权威人士的口，使说服事半功倍。

一直以来，小米和老公志强都过着很贫穷的生活。直到孩子们都长大了，他们在经济方面依然捉襟见肘，远远达不到富裕的标准。眼看着村里的很多人都盖起了楼房，小米和志强也怦然心动，也很想建造楼房，但是他们并没有足够多的钱。再加上此时他们的女儿菁菁已经去北京发展了，小米不

由得打起了退堂鼓，说：“我们与其花那么多钱在老家盖房子，不如带着仅有的积蓄投奔女儿去。归根结底，我们只有这一个女儿，总是要与女儿一起的吧。”

对于小米的新打算，志强的姐妹们都表示强烈反对。原来，志强还有一个老妈妈，也在村子里住，姐妹们都指望着志强能够盖起新楼房，等到将来妈妈去世的时候，有宽敞的地方办理后事呢！对此，小米不以为然：“我也就只有这一个女儿，不可能为了老人去世办丧事就作出不合理的安排。况且，也没有人规定老人去世必须在楼房里办丧事啊，在哪里办丧事还不是一样的呢！就连季春二哥都说呢，一切都要以孩子为主，孩子在大城市生存也是很艰难的。谁家不是为了孩子向前奔呢！”原本，小米的话并不能说服姐妹们，但是在听到“季春二哥都说呢”这几个字的时候，姐妹们全都说不出什么来了。原来，季春二哥是他们的本家哥哥，很小的年纪就在外面当兵，走南闯北的，后来复员之后成为县城里邮电局的局长，也的确利用自身的便利条件为家乡人办了很多事情，所以在家族中威望很高。看到姐妹们缄口不言，小米这才放心下来。

在这个事例中，为了说服志强的姐妹们支持她和志强不在家里盖房子，而去投奔女儿的决定，小米仅凭一人之力显然很难办到。幸好，她有一个强大的后援，那就是在族人中威望很高的季春二哥。正是因为她说出了季春二哥的话，姐妹们才不再对她和志强的决定指手画脚。季春二哥就是与权威的人，因而小米只要提起他的名字，就能威震四方。

现实生活中，朋友们，我们很多时候想要说服他人，都会觉得心有余而力不足。在这种情况下，千万不要气馁，除了想方设法之外，我们还可以找出他人心目中最有权威的人，从而借助这个权威人士来震慑他人。

总是语不惊人死不休

一个人要想给他人留下深刻的印象，总要有某些独特之处，假如他是扔到人群里都找不到的人，又如何能够使人感到打眼呢！就像是毛遂，他之所以三年的时间里在平原君门下始终默默无闻，并非因为他太不出奇，而是因为他从未把自己放入平原君的布袋子里。一旦他愿意进入那个布袋子，很快就会崭露头角，给平原君留下深刻的印象。我们在社会上生活，也是如此。任何时候，我们要想出人头地，必须有着与众不同的地方。例如在交谈中要想出人头地，就要语不惊人死不休；在工作中要想出人头地，就要有真才实学的真本事；在人群中要想出人头地，就要做到鹤立鸡群……否则，我们凭什么深深地扎根在他人的眼睛里和心里呢！

作为互联网界的传奇人物，马云说起话来总是特点鲜明，风格强烈，情绪富有感染力，而且视角非常独特。正因为如此，他的话总是能够给人留下深刻的印象，也能够使人得到深刻的启迪。当然，因为每个人的身份地位、生活环境等的不同，我们未必要学习马云，因为归根结底我们不是马云。但是我们可以坚持自己的独特风格，形成自己的标签。这样一来，任何人在听到我们说话之后，马上就会想到我们，也会对我们印象深刻。

作为大名鼎鼎的歌星，王菲一直以来都深受歌迷的喜爱，但她也因为其特立独行的个性，得罪了很多人。其实，王菲不仅在生活和工作中有个性，说话的时候也总是语不惊人死不休。例如，有一次王菲在台湾某访谈类节目上被主持人夸赞为国际巨星，她非但没有感谢主持人，反而毫不迟疑地否定主持人“别吹了”。在1999年的时候，王菲要出版新专辑，当被记者问到觉得新专辑怎么样时，她居然说“还能怎么样，还是上一张那样呗”。这样的话一出口，就让记者瞠目结舌，无以应对。当然，个性鲜明的天后在语言

上的“炮仗行为”数不胜数，她总是遵循自己的本性，从不愿意委屈自己分毫，想说什么就说什么，也因为天后的任性，从不考虑其作为公众人物带来的负面影响。

也许有些朋友会说，王菲是天后，人家就是任性。我们作为普通人，怎么可能如此任性呢！当然，我们是没有资格这么任性的，我们在说话的时候必须考虑他人的感受，也要尊重他人。不过，这与我们保持独特的语言风格并不冲突，因为个性从不意味着任性妄为，缺乏理智，也不意味着不尊重他人。既然如此，我们为何要拒绝标签呢！

尤其是在现代社会，生活节奏越来越快，工作压力越来越大，很多时候人们默默无闻地存在着，根本没有时间也没有机会证明自己。也因为现代社会人才济济，普通的人才在其中很难崭露头角。在这种情况下，我们何不走一下捷径，用特立独行的为人处世，为自己加分呢！朋友们，假如你们真正能够做到让他人对你们未见其人、先闻其声，你们也许就能够成就最好的自己。

言简意赅，效果反而比啰唆更好

在生活中的很多情境下，我们也许轻而易举就能说明白一个道理，但是偶尔，不管我们多么努力和竭尽全力，就是无法恰到好处地讲清楚一件事情，也无法准确地阐述一个道理。这是为什么呢？也许是因为我们要说的内容中包含了太多陌生的概念，也许是因为我们的听众属于更低的文化层次，导致我们无法用高一层的语言阐述自己的观点，总而言之，不管因为什么原因，我们就是说不清楚，这可真是让人着急啊！其实，细心的朋友们会发现，自古以来，很多伟大的诗人或者是作词家，在创作出一首诗歌或者是一

篇歌词之后，总是会拿给最普通的老百姓去欣赏。假如老百姓能欣赏得了，读起来也朗朗上口，那么说明这首诗或者歌词就是成功的创作；而很多曲高和寡的文字，很难在大众之中引起共鸣，也就意味着失败。

很多人说话的时候都追求高端大气上档次，似乎越是引经据典、言之凿凿，就越是意味着更高的层次。实际上，这种观点完全是错误的。谈话的目的在于交流，如果谈话总是使人感到兴致索然，那么也就变得味同鸡肋。相信大家都曾经有过这样的感受，原本一件非常有趣的事情，如果用活泼生动、言简意赅的语言表达出来，就能调动听众的情绪；但是假如讲述的人非常啰唆，吞吞吐吐，那么不等他作完铺垫，听众已然失去继续听下去的兴趣，导致交流无疾而终。毫无疑问，这样的交流是失败的。

人们在做很多事情的时候都讲究时机，其实谈话也是有时机的。因而朋友们，我们要学会言简意赅地表达问题，因为简洁的效果一定胜于啰唆和拖沓冗长。还记得我们小学三年级写作文时的情景吗？老师最害怕看到的就是如同老太婆的裹脚布一样长篇的流水账，不但没有情节性，人们读来也索然无味。相反，老师最欣赏的是情节跌宕起伏、情绪激动昂扬的好文章，这样才能使人饶有趣味地读下去。不得不说，当语文老师真是个磨炼人心智的工作，哪怕遇到不好的文章，也必须硬着头皮读下去，耐住心性认真审阅和批改。从这个角度而言，我们每个人都要给予语文老师足够的尊重、认可和敬意。

人是群体动物，尤其是现代社会，根本没有人能够摆脱群体独自生活。这也就注定了每个人每天都需要与人交流，不管是与亲人朋友，还是与同事客户，甚至是与陌生人之间，都少不了交流作为桥梁，这样才能更好地沟通。要想成为受欢迎的人，我们首先应该提高自身的语言表达能力，千万不要浪费别人的时间，在你三言两语就说完自己想要表达的内容时，他人一定会感激你的理解和宽容。就像开会一样，有些小领导每次开会都浪费几个小

时的时间，不如多多向伟大的人物学习，他们总是惜时如金，也从不用浪费别人时间的方式对别人“谋财害命”。

迄今为止，世界上最简短也是最震撼的演讲，来自于英国前首相丘吉尔。在一生之中，丘吉尔曾经进行过无数次演讲，可以说，他在整个政治生涯中始终没有脱离演讲。然而，在丘吉尔一生的演讲之中，最精彩的那次演讲发生在剑桥大学的某次毕业典礼上。当天，礼堂里坐着至少一万名学生，他们都在安静地等待丘吉尔的出现，都想要亲耳聆听丘吉尔的精彩演讲。

没过多久，在工作人员的陪伴下，丘吉尔缓缓地走到讲台上，他先是脱掉大衣交给工作人员，然后把帽子也摘了下来。随后的一分钟时间里，他始终沉默地注视着台下的学生们。直到一分钟之后，他才斩钉截铁地说：“Never give up（永不放弃）！”说完，丘吉尔就穿上大衣，戴上帽子，从容不迫地离开了会场。此时此刻，整个会场都被丘吉尔的举动震惊了，那些学生们全都保持静默，鸦雀无声。又过去一分钟，他们才想起来给予丘吉尔热烈的掌声。是的，永不放弃，不管遇到什么情况，也不管人生多么艰难，都永不放弃。当真的因为身处困境感到动摇时，一定要牢记：永不放弃！

不得不说，丘吉尔的演讲虽然只有短短的几个词语，却带给学生们巨大的震撼。和那些拖沓冗长的演讲相比，学生们长久地回味着丘吉尔的演讲，甚至有很多学生从此把这句话当成是人生的座右铭，铭刻在心。可以说，虽然丘吉尔的这句话只用了短短几秒钟就说完了，却长久地回荡在学生们的心中，余音绕梁，三日不绝。

这就是言简意赅的巨大魔力，它远远比啰唆的表达更能够直击人们的心灵。现实生活中，虽然有很多人喜欢啰唆，但是也有很多人惜字如金。我们必须根据现实的情况，调整好自己的心态，以最为简洁的语言，表达自己内心深处的真实想法。朋友们，当我们说出的每一个字每一句话都是有用的，我们也就真正用言简意赅战胜了拖沓啰唆。

说话也是有节奏的，你知道吗

对于好口才，很多人都有一个误区，即觉得只有滔滔不绝、口若悬河，才是真正的好口才。其实不然，如果一个人说起话来就像没有标点符号一样平沓，则人们如何能表现出有兴趣的样子倾听他呢？试想，假如你看一篇文章，通篇没有标点符号，会是怎样的感觉？如果这篇文章只有短短几句话尚且还好，但是如果这篇文章长篇大论，你一定会情不自禁地想要抓狂。

实际上，一个擅长写文章的人绝不会小看那些标点符号，因为这些标点符号就是阅读文章的人心中回响的节奏。同样的道理，一个真正拥有好口才的人从不夸夸其谈，他们很善于用最简短的语言，用最合适的节奏，阐述自己的所思所想。毋庸置疑，简洁永远是精准表达的首要要求，其次，要想恰到好处地表达，我们还需要把握好恰当的节奏。尤其是在与人交流的时候，假如我们把一场交流变成了独角戏，谁会愿意继续观看我们的表演呢！当我们以不同的节奏讲述相同的事情时，是张弛有度还是拖沓冗长，给人的感受是截然不同的。毫无疑问，前者更富有吸引力，也更能够令听众满意，达到说话者的初衷。

在这次宴会上，小马倒霉地跟一个话痨坐在了一起。整个宴会期间，那个话痨一直在喋喋不休地说话，虽然小马表现出明显的厌烦，但是对方依然无知无觉。对方找出无数个话题，丝毫不顾小马的反应，自顾自地在那里说个不停。小马想要起身离开，却又顾忌到虽然大家彼此不太熟悉，但好歹也是同事，因而不好意思直接给对方难堪。最终，小马好不容易等到宴会结束，才赶紧逃之夭夭。

一场原本非常愉快的宴会，就因为邻座是个说话没有节奏的话痨，使得小马既插不进去话表达自己的意见和态度，也无法找到合适的间隙停止这场

“独角戏”，最终只好强忍了整场宴会，一等到宴会结束就迫不及待地逃之夭夭。不得不说，拖沓冗长、毫无节奏感的语言表达，对于听者而无疑是一种折磨。

一个真正高明的演讲者，一定会照顾到听众的需求。细心的人会发现，演讲者在应该有掌声的地方，会作出适当的停顿，这样不但给听众留下时间消化他们的演讲，而且给了听众机会以掌声表达自身的情绪。当然，即便演讲不那么受欢迎，这种适当的停顿也依然是要有的。很多朋友喜欢中国的水墨画，会发现水墨画中最讲究和考验功力的，就是留白。一幅好的水墨画，从来不会挤得密密麻麻，而是给欣赏画的人留下适当的空间，进行心灵的遐思。说话也是如此，倘若一句句话接二连三地跳出来，那么当听众无法对其作出反应和思考的时候，这些话又有何意义呢！所以朋友们，我们与其让自己辛辛苦苦说出来的话都变成了毫无意义、惹人生厌的废话，不如把握好说话的节奏，言简意赅地说好话，同时也关注到听者的反应，这样更能够给听者留出足够的反应时间，从而使交流的效果事半功倍。

结尾处画龙点睛，让说服效果更好

还记得小时候写作文吗？三年级的流水账过后，我们进入四五年级，渐渐学会在作文中使用一定的技巧，诸如在开头设置悬念，或者在结尾画龙点睛。实际上，说话的道理也和写文章差不多，唯一的区别在于说话的速度更快，因而常常不假思索，而写文章则有更多的时间思考，因而可以仔细斟酌。正因为说话不假思索，所以人们在说话的过程中常常因为情绪激动或者口无遮拦，出现很多失误，也使得说话的效果大打折扣。尤其是在说服他人时，也许我们绞尽脑汁才打动了他人的心，却因为虎头蛇尾，最终导致说服

的效果减弱很多。那么，如何才能增强说服的效果呢？聪明的朋友们，不妨借鉴小时候写作文的方法，在结尾处画龙点睛，再次点明主旨，这样说服的效果一定会事半功倍。

很多朋友都读过议论文，自己也写过议论文，相信大家一定会有一个深刻的感触，即在议论文的论点、论据、论证中，最终结束时一定会有一段总结的文字。这段总结的文字或者与开头遥相呼应，或者再次点明主旨，起到非同寻常的重要作用。假如没有这段文字，整篇文章就会像失去灵魂一样，变得结构松散，也无法起到说服他人的作用。相反，只要有了这段文字，读者朋友们才会对于文章的主旨印象深刻，才能够更加深刻地记住文中揭示的道理。

遗憾的是，现实生活中很多人没有懂得这样的道理，尽管他们为了说服他人作出了很大的努力，也真正晓之以理、动之以情地打动了他人的心，并误以为对方一定已经把所有的道理都听明白也记牢了，最终却发现对方只是左耳朵进右耳朵出，而自己则因为没有画龙点睛地加强说服的效果，导致说服效果事倍功半。

一位演讲者正在以《人生需要正能量》为题进行演讲。在演讲还未正式开始的时候，他就拿出两部名牌手机，展示给台下的听众们。

以下是他的演讲词：

大家好，在正式开始演讲之前，请大家允许我先“炫富”。这两部名牌手机，是我们家在同一时间一起购置的，当然也是时下最流行的新款，是最好的手机。接下来，我们就打开手机看看吧。嗯，这部手机的确很好，画面清晰，音质也很好，的确不负这个品牌的盛名。我们如今已经验证了这部手机是非常好的。那么接下来让我们看一看，如果这部手机失去能量，结果将会如何呢？（说着，演讲者拿下手机的电池）看看吧，一部那么好的手机，因为失去了电池的支援，突然间变成了废品，再也无法工作。当然，这也是

我们每天都要坚持给手机充电的原因。和手机同样的道理，人每天也都需要充电，吃喝拉撒睡都是人们补充体能的一种方式。当然，这些基本的生理活动只能满足人们基本的生理需求，要想进行更多的社会活动，为社会作出贡献，实现精彩的人生，人们还需要精神上的能量，这就是如今人人都挂在嘴边的正能量……相比而言，正能量也是人生的电池，为人们从事更为高等的精神活动和创造提供能量，假如没有正能量，我们的精神就会萎靡不振，就会变得像失去电池的手机一样，即便手机本身质量再怎么好，都无法正常运转！”

在演讲刚开始时，演讲者就已经以手机为例，说明了人生需要能量，在演讲的结尾，演讲者重申人生需要能量的道理，因而起到在结尾处画龙点睛、加强听众印象的作用。这样的首尾呼应，使得整个演讲结构完整，浑然天成，也使得演讲的效果得到大幅度提升。

朋友们，生活中我们难免需要说服他人。在进行长篇大论的说服之后，假如我们因为懈怠，没有进行最后的画龙点睛，则整个说服工作的效果都会大打折扣。因而，我们一定要记住画龙点睛的重要性，这样才能使听者将我们反复强调的重要道理和内容铭刻在心，不会轻易忘记。

惹人厌恶的牢骚，总是导致事与愿违

爱美之心，人皆有之。现实生活中，几乎每个人都非常爱美，也都愿意以美好的形象展示自己。因此，现代社会中很多人都想尽办法提升自己的美感，这当然无可厚非，因为以美的形象示人，不但是对自己的尊重，也是对他人的尊重。当然，美并没有统一的标准，每个人对美的理解和诠释不同，所以每个人对于美都有着自己的表现，有的人以简单为美，有的人以繁复为

美，恨不得把所有美好的东西都用来装饰自己。需要注意的是，美某种程度上的确与隆重和奢华是正相关的。然而，在说话的过程中，我们必须意识到，说话对于美的表现和彰显，恰恰与此相反。对于语言表达而言，越是简单的，越是纯粹的，越是接近本质的，才越是美的。

有很多人说话的时候都很拖沓，也因此养成了牢骚满腹的坏毛病。殊不知，牢骚绝不是一件好事情，因为它除了扭曲真相，就是掩饰真相，还有就是使人厌烦。卓有成效的交流，向来都是言简意赅，一针见血的。当牢骚占据交流的主导地位时，交流也就变得没有意义。要知道，每个人渴望听到的都是真实的话，即代表着事实和真相，以及真实的感受的话，而不是虚伪的谎言。哪怕是善意的谎言，也不能脱离谎言的本质，所以哪怕事实是残酷的，我们也必须尊重和接受事实。越是聪明理智的人，就越能明确地意识到这一点，因而也就能够切实地调整好自己的心态，组织好自己的语言。

自从豪杰上了五年级之后，成绩就出现了严重下滑。对此，妈妈心急如焚，不但给豪杰报名参加了很多培训班，还整日不停地以"祥林嫂"的姿态面对豪杰，总是如同贫下中农开诉苦大会一样指控豪杰的种种罪行："豪杰啊，你觉得妈妈每天辛苦工作累不累？妈妈真的很辛苦，妈妈每天六点就要起床给你做早饭，然后还要去上班，晚上下班回来还要给你做晚饭。我和爸爸辛苦挣来的每一分钱，我们都没有花，最终都给了你，花在了你的身上。"刚开始时，对于妈妈的倾诉，豪杰还能听得进去，也总是能够体谅妈妈的辛苦。然而日久天长，豪杰越来越麻木，甚至蛮不讲理地对妈妈说："我可没有让你生我，你还是自己后悔吧！"

有一次，豪杰期末考试没考好，妈妈鼻涕一把眼泪一把地不停说："豪杰啊，我可真是后悔生了你这么个不争气的家伙。你怎么就不能让我省心呢！你看看人家楼下的小丽，学习成绩始终名列前茅，我简直都没脸见小丽的妈妈啦！你看看，我和你爸爸为了你，付出了多少，牺牲了多少……"不

等妈妈说完，豪杰突然猛地大喝一声：“好啦，别说啦！我已经听烦了！我告诉你，以后再也不要对我说什么对我好，为我好，我就是要落后，我就是要让你们丢人。你们想要我就要，不想要我我就彻底消失，让你们谁都找不到我！”就这样，妈妈的牢骚使得豪杰情绪崩溃，彻底爆发，再也不愿意继续忍耐下去了。听到儿子说要离家出走，妈妈才意识到问题的严重性，但是儿子显然再也不愿意和她沟通了。

在这个事例中，妈妈牢骚满腹，最终使得豪杰彻底爆发，恨不得马上脱离这样的妈妈和如此不清静的家。现代社会，随着每一位家长对于教育问题越来越重视，很多父母总是因为孩子学习成绩的波动而情绪激动，尤其是想到自己在养育孩子的过程中付出的种种，更是不停地唠叨，最终非但无法起到教育孩子的效果，反而使得孩子彻底地叛逆和逆反，最终导致事情无法收场。其实，假如父母能够改变方式，把孩子当成是平等的个体对待，言简意赅地和孩子说明情况，则孩子一定能够更加理解父母的辛劳，也会作出相应的改变。退一万步说，并非每个孩子在学习方面都有天赋，父母一定要宽容地接纳孩子，不要对孩子提出过分苛刻的要求。学会欣赏孩子，善待孩子的父母，才是真正的好父母。

凡事都是欲速则不达的，当我们越是忧心如焚的时候，就越是要端正态度，摆平心态，并且组织好语言，透过现象，直指本质，以恰到好处的语言，获得最好的结果。越是在情绪激动的时候，我们越是要保持平静和理智，这样才不至于牢骚满腹，惹人生厌，也避免事与愿违。

第11章 不要炫耀你的聪明，因为那时你正开始变得愚蠢

§

现实生活中，有很多人自以为聪明，不管在什么情况下，都沾沾自喜地炫耀自己的聪明。然而，现代社会流行一句话，不作死就不会死，毫无疑问，不分时间场合、不自量力地炫耀聪明，也是作死的表现之一。其实，聪明只要自己知道就好，幸福也要悄悄地，毕竟每个人的生活都与别人的无关，唯有自己才是生活的主宰，才是命运的承担者。所谓如人饮水，冷暖自知，从不炫耀聪明的人，才是真正的聪明人。

§

有勇气承认自己的无知，也是强者

现实生活中，很多人总是犯不懂装懂的毛病，因为生怕别人瞧不起自己。他们不管别人说什么，总是不由分说地插嘴抢话，似乎这样就能表现出他们的优秀和博闻强识。在他们作为主角进行讲述的时候，他们也是如此，总是滔滔不绝地向别人介绍各种东西，似乎别人一无所知，而他们则是无所不知。他们的语气坚定不移，似乎由他们口中所说出的一切都是真理。他们真的这么强势吗？实际上，他们只是因为内心的空虚，因为害怕别人觉得他们无知，才会如此表现的。

一个真正的强者，一个内心真正强大的人，不会害怕别人不重视自己，因为他们非常相信自己，根本无须从别人口中得到所谓的重视。他们语言平实，很少夸夸其谈。他们深知要想赢得别人的尊重，靠的不是吹嘘，而是脚踏实地，说话真诚恳切。尤其是在发现自己的不足时，他们不会掩饰，而是勇敢地承认自己的不足，这才是真正的强者的表现。

相较于对自己的不足遮遮掩掩的作法，勇敢地说出“我不知道”，也许反而更能够赢得他人的赏识。毋庸置疑，人无完人，任何人都不可能面面俱到，什么都知道，因此我们唯有采取正确的姿态，才能坦然面对自己和他人；也只有承认“我不知道”，才能更加坚强果断，提升和完善自我。

作为一名大学老师，刚刚毕业的小梦面对着很多比自己还要高大的学生，心底里难免有些打鼓。而且，她还是班主任，想想自己从一个学生一夜

之间变成了老师，还要成为每个学生的知心大姐姐，小梦简直觉得如同做梦一般。当然，她依然清晰地记得自己当学生时的心态，也知道要想赢得这些学生的肯定和认可是很不容易的。为此，她努力充实自我，每次上课之前都认真努力地备课，生怕学生们因为她的无知瞧不起她，或者嘲笑她。

有一天，小梦给同学们上文学欣赏课，她的主课是语文，兼任文学欣赏。在课堂上，当小梦讲起卡西莫多的文学形象时，一个同学提出了一个难度很大的问题，对此，小梦一时之间语结，不知道如何作答。她原本想要蒙混过关，又担心为此弄巧成拙。思忖片刻之后，她坦然地说："这个问题，我也不太确定，现在无法给出同学们准确的回答。其实，对于文学人物的欣赏，原本就是仁者见仁，智者见智的，所以有位名人才说，一千个人眼中就有一千个哈姆雷特。不过我有个提议，我们在这一周的时间里都去图书馆查阅相关的资料，等到下节课，我们再就此进行深入的探讨，如何？"听到老师如此坦诚的回答，同学们全都表示赞许，还给了老师热烈的掌声。

在这个事例中，幸好小梦没有蒙混过关，否则不但有愧于教师的称谓，也是对同学们不负责任的行为。实际上，也许我们在小学阶段曾把老师当成无所不知的神，然而随着年岁渐渐增长，我们会渐渐意识到老师也不是无所不知、无所不能的，因而与其迷信老师，不如以宽容的态度和老师一起探讨难题，实现共同进步。尤其是小梦面对的是有思想、有主见的大学生，如果在不懂的情况下对学生含糊其辞，那么一定会损害自己在学生心目中的形象。与其遮遮掩掩，不如坦坦荡荡地承认自己的无知，这反而是个好方法。

朋友们，你们在生活与工作中，是否也经常遇到自己无法解决的难题呢？在这种情况下，与其掩饰自己的无知，不如坦然承认自己的无知。要知道，一个人唯有意识到自己的缺点和不足，才能更加快速地进步。我们也只有意识到这一点，才能更加积极主动地提升和完善自我。当然，至于他人的目光，不管他们对于我们的无知是嘲笑讽刺，还是理解和宽容，这都没有关

系。做人但求问心无愧，任何时候我们都要求得内心的平静，这才是最重要的。相信在我们自信地承认不足，积极地提升自我时，他人一定会更加信赖和宽容我们，也会更加认可和欣赏我们。

知道自己不足的人，才是真正的“足”

一个人只有意识到自己的不足，才能有的放矢地提升和完善自我，从而实现飞速进步。反之，假如一个人总是志得意满，觉得自己没有任何缺点和不足，那么他就会失去进步的机会。试问：一个人觉得自己完美无瑕，还如何自省以发现自身的缺点，从而不断进步呢？由此可见，认识到自己的不足是一切进步的基础和前提条件。

正如世人所说的，金无足赤，人无完人，在这个世界上，每个人都在竭尽所能地追求完美，但是人永远也不可能做到十全十美。从能力方面而言，人的能力也不可能达到极致，最终无所不能。一个人要想尽量接近完美，尽量提升自我，就必须意识到自己的不完美。一个能够客观公正评价自己的人，一个能够一日三省吾身的人，总是能够及时弥补自身的缺点，从而使自己不断进步。相反，一个自以为完美的人，则常常因为无知陷入更大的苦恼之中。

我们作为一个知道自身不足的人，除了要竭力提升自己之外，更要摆正心态，接受自己的不足。毋庸置疑，每个人都是有缺点的，这些缺点有的能够弥补，有的则无法弥补。对于无法弥补的缺点，我们只能坦然接受。遗憾的是，生活中总有些人和自己较劲，总是不遗余力地想要弥补自身的缺点，让自己变得完美。不得不说，这同样是不健康的心理状态。凡事过犹不及，提升和完善自我当然很好，但是若不能适度，也必然使自己陷入无穷无尽的

焦虑之中。

曾经有心理学家经过研究证实，人们越是在人多的公开场合，就越是要表现出自己完美无瑕的一面。包括很多青年男女在恋爱的过程中，也总是试图把自己最美好的一面展现出来。殊不知，时间终究会揭露一切真相，任何时候一个人都只有表现出最真的自己，才能活得坦然从容，否则就会被自己束缚着，以致寸步难行。归根结底，其实都是人的虚荣心在作怪。假如我们不再爱慕虚荣，不再竭尽全力地想让别人认可我们的完美，我们就可以变得更加从容淡定，并能够展现出自身的真实面目。

小敏正在谈恋爱，她的男朋友是一家公司的部门主管，也算得上是青年才俊。经过一段时间的接触，小敏和男朋友都产生了结婚的想法，然而，他们又都觉得对于彼此的了解还不够透彻。为此，小敏进行了认真的自我反省，作出自己对于婚姻是否合适的考虑，以及对于未来幸福婚姻的设想。思来想去，她发现了自己的缺点，原来小敏性格急躁，很担心自己婚后会因为一些鸡毛蒜皮的小事和爱人吵架。

听到小敏对自己的剖析之后，男友也非常真诚地说："亲爱的，你性格急躁我知道，但是我也知道你的心地善良，本性单纯，所以我愿意宽容你，容忍你。和你恰恰相反，我有些慢性子，不管做什么事情都比别人慢半拍，希望你不要觉得不耐烦啊！"小敏笑着说："当然，你的慢正好牵制了我的快，就让我们中和一下吧！"

经过婚前的这种深刻自我剖析，小敏和男友走入婚姻的殿堂之后，生活幸福，恩爱和美。虽然也有一些小小的摩擦，但是对于新婚夫妇而言，这正是必不可少的磨合。看着曾经的男友、现在的老公带给自己这么大的幸福，小敏满足极了。

很多新婚夫妇在结婚之后，常常因为感受到现实婚姻和恋爱时的巨大落差，而在心理上感到非常不适应。其实，这是刚刚走入婚姻生活的必然反

应，毕竟婚姻是完全不同于热恋的。事例中的小敏无疑是非常聪明的，她在结婚之前就向男友剖析了自己的不足，以开诚布公的态度与对方坦诚交流，使得男友也同样真诚坦然。由此一来，尽管他们婚后的生活有小小的摩擦，但是双方一旦想到婚前就意识到的“不足”，自然能够做到心平气和地解决问题，积极磨合。正因为如此，他们才能生活得幸福和美。

朋友们，我们每个人生而就是不完美的，随着不断的成长和进步，我们的不足在得到弥补的同时，也变得更多或者更严重。人生就是如此，我们只有认识到自己的“不足”，才能积极弥补自己的不足；我们只有坦然接受那些不可弥补的“不足”，宽容接纳它们的存在，才能做到理智乐观地面对人生。总而言之，不要再吹嘘自己的完美，那不是聪明的表现。只有当你接受自己的不足时，你才真正变得强大起来。

把自己放低，才能与他人靠近

为了得到他人的认可和赏识，很多人都喜欢在别人面前表现自己，似乎当他们表现得最好时，人们就会全都关注他们，把一切的注意力都聚焦在他们的身上，他们也就因此成为人群中的焦点。当然，这样的想法无可厚非，至少能够激励人们不断努力和进步。但是凡事过犹不及，当这样的想法变得过于强烈，且得到过分地实施时，这种表现力就会变成故作姿态的卖弄，以致招来人们的厌恶。尤其是很多人在夸张地表现自己时，也往往伴随着夸大其词。俗话说，好汉不提当年勇，他们却不止一次地提起自己曾经的得意之事，直到他人的耳朵里都磨出老茧了，他们依然说个不停。在讲述的过程中，他们还会隐去自己不好的一面，把自己说得完美无瑕，甚至完美得毫不可信，在这种情况下，他们又如何能够得到他人真心诚意地认可和尊重呢！

正如苏轼在一首词中所说的，又恐琼楼玉宇，高处不胜寒。的确，高处不胜寒，一个人如果活得像是神仙一样，完全脱离了人间的烟火气息，也必然会遭到凡夫俗子们的排斥和抵抗，更不用说融入集体之中，得到大家的认可和肯定了。当然，从心理学的角度而言，根据马斯洛的需求层次理论，人们想要在精神层面得到满足，得到他人的赞赏是无可厚非的。重要的是，我们必须把握好其中的度，才能得到大众的认可。

很多成功人士，虽然功成名就，但是深深懂得这个道理。因而，他们总是有意识地降低自己的姿态，拉近自己与他人之间的距离。古代的很多贤明的皇帝，诸如乾隆皇帝，为了拉近自己与老百姓的距离，总是微服私访，从而探查民生，探查民心，做到与民同乐，与民同心。就连贵为真命天子的皇帝都是如此，更何况作为普通人的我们呢！所以朋友们，不要再故作高深的姿态啦，我们只有站在人群之中，才能感受到最美妙的烟火气息。

一直以来，作为部门管理者，杜威总觉得自己与下属之间隔着遥远的距离。看到其他部门里其乐融融的样子，杜威也很想和下属打成一片，能够和他们成为在一起称兄道弟的朋友。然而，他找不到合适的方法达成自己的心愿。

有一段时间，杜威换了一个新上司。原本杜威以为这个新上司一定会新官上任三把火，但是没想到新上司上任之后，做出了一个让他惊讶的举动。原来，新上司上任当天就邀请所有与杜威同等级别的下属们吃饭，一个包间里大圆桌坐满了，二十个人挨挨挤挤地坐在一起，简直热闹非凡。看到新上司没有给他们下马威，杜威和同事们都非常放松，酒过三巡之后，居然与新上司开起了玩笑，新上司更是不胜酒力，已然喝多的他也与下属们毫无分寸地在一起嬉笑打闹。那天晚上，醉醺醺的新上司是被两个下属送回家的。奇怪的是，在第二天再次看到新上司时，大家与新上司之间都没有隔阂感和陌生感，反而像是熟悉已久的朋友一样，非常亲切。杜威不免受到新上司的启

发，意识到也许自己正是因为平日在工作中太高冷了，所以才会与下属之间产生了无法逾越的隔阂感。

想到这里，杜威也马上学习新上司的做法，请全体下属吃饭，并且尽情地玩乐，每个人都喝得醉醺醺的，最终说出了一些掏心掏肺的真心话。此后，杜威也改变风格，不再在下属面前说些高大上的大道理，而是变得更加低调谦和，给下属分配任务或者点评工作时，也很接地气。就这样，渐渐地，杜威和下属的关系也越来越好了。

职场上，很多领导都是一副高高在上、不可一世的样子，与此同时，他们又抱怨下属不能做到与自己步调一致，言谈亲切。其实，高处不胜寒的道理不仅古人知道，作为打拼职场的现代人，我们更应该对此心知肚明。人们总是不愿意和自己相距遥远的人打交道，那种站起来踮着脚尖还要仰视的感觉并不好。因而朋友们，假如你们也是领导，也正在抱怨下属与自己不亲近，那么不如像事例中的杜威以及他的新上司那样，采取合适的方式降低自己的姿态，放低自己，与下属接近吧！相信一旦你们建立了良好的关系，未来你与下属在职场上的交往就会变得很融洽，甚至也能给工作的开展带来极大的便利。

朋友们，任何时候我们都要学会换位思考。也许对于位置相对比较低的下属而言，让他们竭尽全力靠近高冷的上司，是不太现实的，毕竟职场上等级设置还是比较严密的。在这种情况下，我们作为上司应该主动放低姿态，这样才能靠近我们想要亲近的群众。当然，这种关系并不仅仅局限于职场，诸如老师和学生之间、长辈和晚辈之间等，只要是身份地位相差悬殊的人之间，都会涉及到这个问题。如果我们有幸作为位高者，一定要多多体谅他人，做到降低姿态，靠近他人，把自己更好地扎根在“人民群众”之中。

谦虚的口才，总是备受瞩目和欢迎

和高调张扬的口才相比，有一种口才叫作谦虚低调。古人云，满招损，谦受益，这句话相信很多人都耳熟能详，但是对于其中蕴含的深刻道理，有很多人并不清楚。或者说，虽然大家都很清楚这句话阐述的道理，却并不能将其很好地贯彻在实际行动中，也很难真正做到。毋庸置疑，从心理学的角度而言，每个人都希望得到他人的认可和尊重，也都希望得到他人的关注和瞩目，这种虚荣心和自我价值的实现，是正常的心理需求。然而，这种需求一旦过度，就会导致我们被虚荣心绑架，不管做什么事情，第一时间想到的不是自己的切实需要，而是为了引起他人的羡慕，不得不说，这样的做法是非常错误的。尤其是当这种心态严重影响到我们的表达时，会使我们在说话的时候也总是不停地吹嘘夸张，炫耀自己，日久天长，难免惹人生厌。

实际上，和高调做事相比，低调做人是更受欢迎的。我们做人一定要谦虚低调。第一，一个谦虚低调的人，他的姿态必然是放低的，这样一来，他才不会以高高在上的姿态给别人压力，不至于令别人都排斥他、抗拒他，使他处处不受欢迎。第二，谦虚低调的人都很擅长从他人的角度思考问题，他们能够设身处地地为他人着想，也能够常常进行自我反省。因而，他们不但能够积极主动地提升和完善自我，也能够把话说到他人心里去，得到他人的认可和尊重。实际上，口头上占据上风除了惹人生厌之外，并没有什么实质性的好处。任何时候，一个聪明的人都不会在言谈上占别人的便宜，压制别人。他们总是低调谦虚，哪怕是自己的优点和长处得到他人夸赞，他们也能做到心平气和，绝不虚张声势。

扁鹊作为齐国大名鼎鼎的医生，医术高超，医德很高，因而，齐国的国君准备给扁鹊一个封号——“天下第一神医”。对此殊荣，换作别人一定会

高兴地接受，然而扁鹊却坚决拒绝，说自己根本不敢称天下第一，因为他还有两个哥哥，医术比他更高明。听到扁鹊的推辞，国君惊讶地问：“你还有两个哥哥？而且医术都比你更高明？我怎么没听说过呢？”扁鹊一本正经地回答：“我二哥扁雁最擅长在大病初现的时候，就从小病入手，预防大病，因而我们家乡的父老乡亲一有小恙，全都去找他治疗。我大哥的医术最是出神入化，他只要望闻问切，就能得知一个人即将会患什么病，从而积极地预防。不过，因为他总是防患于未然，所以村里的人都不知道他水平的高低。和我的大哥二哥相比，我的医术最差，往往等到病人已经病入膏肓的时候，才能竭尽所能，妙手回春。从这个方面来看，我大哥二哥才是举世罕见的神医，而我只是徒有虚名的名医而已。”扁鹊的一番话，说得合情入理，也因此让国君知道了他大哥二哥的高明医术。因为看到扁鹊的谦虚，国君更加重用扁鹊。

春秋时期，孔子带着学生们去各个国家游说，想让每个国家的国君接受他们的政治观点。有一天，孔子和学生们驾驶马车，去往晋国。他们走着走着，发现有个孩子正在道路中间玩耍，还用很多碎瓦片堆起了一座小小的城。孔子走下马车，对孩子说：“这条路是供人通行的，你不要挡在马路中间玩耍。”孩子对孔子的话不以为然，反而指着地上的城说：“老先生，您看看这是什么？”孔子低下头一看，原来这个孩子用碎瓦片摆出了一座城的造型。　　看着孔子惊讶的样子，孩子继续说：“您认为，是车给城让路，还是城给车让路呢？”孔子一时之间不知道该说些什么，又觉得这个孩子说起话来条理清晰，有礼有节，因而问道：“孩子，你叫什么名字？今年几岁啦？”孩子说：“我叫项橐，今年7岁。”孔子给项橐修建在路上的城让路，并且对学生们说：“项橐7岁就如此懂礼，可以当我的老师！”

在这两个事例中，一个是举世闻名的名医，一个是圣人，都很谦虚。扁鹊把天下第一神医的名号让给了大哥二哥，孔子被孩子修建的城挡住了道

路，却谦虚地给孩子让路，并且说自己应该向懂礼的孩子学习。从这两位古代名人的身上，我们懂得了什么叫作谦虚。朋友们，我们也应该谦逊懂礼，尤其是在语言上，更应该表现出我们谦逊的品质，这样才能得到他人的赏识和认可。

每个人的语言都是心灵的表达，一个言辞上非常自高自大的人，内心也必然狂妄。殊不知，这样的自负只会导致自己无法正确认知和衡量自己，从而令自己无法发现自身的缺点和不足，更无法进步。任何时候，只有内心谦虚的人才会不断反省自己，言谈举止间都表现出谦逊的作风。朋友们，不管我们的能力是强还是弱，也不管我们的身份地位是高还是低，我们都要牢记低调做人、高调做事的原则，谦虚地为人处世，从而赢得他人的认可和赏识。

越是优秀的人，越懂得低调的含义

作为中国古代的智者，老子向来主张为人要低调，他曾经说："夫惟不争，故天下莫能与之争。"这句话的意思是说。只有一个人不与他人争高低，天底下才没有人能够与他争高低。对于这句话，有些人认为过于消极，是悲观处世的表现。不过，也有人认为这恰恰教会人们低调做人处事，是充满大智慧的，告诉了大家处世的真谛。举个简单的例子，每个人都想拥有和海一样广阔的胸怀，然而，大海之所以辽阔无边，海纳百川，就是因为大海的位置是最低的。在现实生活中，每个人都想拔高自己，使他人对自己高山仰止，殊不知，只有为人低调，怀有空杯心态，才能最大限度地学习和填充自己。正如人们常说的，要想高成，唯有低就，让我们像大海一样成就自我吧！自古以来，但凡有所成就的人，无一不是能够放低自己，放空自己，虚

心学习和请教他人的。诸如诸葛亮隐居南阳，姜子牙在渭水钓鱼，越王勾践被吴王俘虏之后一直甘为人臣，好不容易回到越国又继续卧薪尝胆，这些都是值得我们学习的古人。放眼如今的世界，也不乏低调的人，诸如身为世界首富的比尔·盖茨，尽管富可敌国，且一心一意地为慈善事业贡献自己的力量，但是始终没有自己的司机，不管去哪里都亲自驾驶，或是乘坐公共交通车辆。

也许有人会说，低调是因为自卑，但其实低调和自卑是截然不同的。常言道，树大招风，很多树木之所以被摧毁，就是因为它们的长势太过茂盛，木秀于林，因此才会遭到巨大力量的打击。实际上，人生也是如此。一个人要想站得高看得远，未必要站在人尖上，也可以让自己站在更稳的低处。一个人有本事却很张扬，只能属于聪明人。真正有智慧的人，虽然自身能力很强，却能够收敛心性，让自己低调而不张扬。正因如此，他们的人生才会更加充实和完美。

当然，低调和谦卑不同，低调和柔弱也不是一回事。和刚强相比，低调更具有实力，也更有韧性，因而不管在人生中遇到怎样的困难，低调的人都能够坚强面对。低调当然也不同于怯懦，低调的人绝不怯懦，相反，他们因为聪明，所以不愿意与他人针锋相对。如此一来，他们就给予了自己更大的发展空间，也使自己获得更加长足的进步和发展。从品格的角度来讲，低调的人也非常宽容。他们从不炫耀自己，也不会揪着别人的错误不放。低调的人始终坚信，原谅别人，就是宽宥自己。在与人交往的过程中，低调的人还很宽容随和。他们非常朴素踏实，既不会夸张地大喊大叫，也不会故意压制别人，而是对人怀着尊重和敬意，就如同无形的水一样把人温柔地环抱起来。因而朋友们，千万不要因为自我膨胀，就忘记了低调。记住，你越是低调着优秀，就越是能够赢得他人的尊重和认可。

官渡大战之后，曹操战胜了刘备，刘备吃了败仗，无处存身，不得不投

奔刘表。为了把刘备的谋士徐庶争取到自己麾下，曹操派人给徐庶带去假消息，说徐庶的母亲身患重病，因而让徐庶马上启程，赶往许都。徐庶对于自己的有去无回心知肚明，因而临行前特意告诉刘备：“南阳的卧龙岗，隐居着一个举世罕见的奇才，名叫诸葛亮。假如主公能够得到此人的辅佐，则一定能够得到天下。”刘备非常重视徐庶的建议，因而在次日就带着张飞和关羽，备着厚礼，特意赶去南阳的卧龙岗，登门拜访诸葛亮。不想，他们来得很不巧，诸葛亮外出云游了。虽然询问了书童，但是书童也不知道诸葛亮何时才会回来。无奈之下，刘备只好回去。

又过了几日，刘备再次带着关羽、张飞前往卧龙岗。这一天，天上飘着鹅毛大雪，寒冷极了。刘备好不容易赶到卧龙岗，欣喜地看到有个年轻人正在伏案读书，因而赶紧上前拜见。不想，这个年轻人并非诸葛亮，而是诸葛亮的弟弟，他告诉刘备诸葛亮去拜访朋友了。刘备乘兴而来，败兴而归，只得当场写下一封信，表明了自己对诸葛亮的仰慕之情，也真诚地邀请诸葛亮出山，帮助他平定天下。

很快，新年过去了。刘备特意挑选了一个黄道吉日，再次奔赴卧龙岗。这次，刘备很幸运，因为诸葛亮在家呢，只不过正在午睡。为此，刘备安排关羽、张飞等在门外，自己则站在诸葛亮卧房的台阶下静静等候。许久之后，诸葛亮才睡醒，刘备毫无怨言，马上上前拜见诸葛亮，请教他对于平定天下的见解。诸葛亮毫无保留，为刘备分析了天下大势，说：“曹操占据北方，占据天时；孙权占据南方，占尽地利；将军可以拿下西川，占据人和，这样就能与曹操、孙权三分天下。”刘备对诸葛亮的真知灼见佩服不已，当即再次请诸葛亮出山帮助自己。就这样，27岁的诸葛亮被刘备三顾茅庐感动，从此忠心耿耿地追随刘备。

在这个事例中，诸葛亮隐居南阳卧龙岗是一种低调。刘备身为主公，三次亲自前往卧龙岗拜访诸葛亮，也是一种低调。最后一次，他站在台阶下

安静地等待诸葛亮午睡醒来，求贤若渴的心情可见一斑。正因为如此诚心诚意，他才能最终彻底说服诸葛亮，出山协助他平定天下。

现代社会，虽然不像古代社会那么等级森严，但是每个人的社会分工都是不同的。所谓的人人平等，只是从人格的角度上而言的，如果具体到职业角色、社会角色，人与人之间依然有着巨大的区别。然而，我们并不能因此就对他人不屑一顾，也不能因为自己的职位高或者身份尊贵，就瞧不起那些普通的人。记住，对人颐指气使不是个性，也无法得到他人的认可。一个真正明智的人，越是在高位上，就越是要做到谦逊低调。这样不但能够帮助我们赢得他人的认可和尊重，也能够帮助我们的人生之路更加顺遂如意。

批评不要声嘶力竭，也许点到为止才最好

人非圣贤，孰能无过。在现实生活中，一个人不论多么努力，都难以避免会犯这样或者那样的错误。当自己犯错时，我们也许轻而易举就能原谅自己；而当别人犯错时，我们还能宽容和谅解他人吗？其实，既然每个人都注定了要在错误中成长，那么我们理应宽容他人的错误。当然，错误是有大有小的，有些错误无须指正，可以等待犯错误的人自己去领悟，但是有些错误因为比较严重，一定会遭到批评。在这种情况下，假如我们作为当事人要批评犯错误的人，则一定要记住一个原则：批评并非声色俱厉才好，也许点到为止，为他人留下面子，反而能收到预期的效果。

通常情况下，人们采取点到为止的方式批评他人时，批评的时候往往先是以柔和的语气给出他人正确的答案，然后再就他人的具体情况进行具体分析，最终以一个“但是”作为转折，使他人意识到自己的做法欠妥，因而进行主动积极的自我反思，从而帮助他人深刻认识问题，积极改变思路回答

问题。和无所顾忌地批评他人相比，虽然点到为止的批评方式听起来非常柔和，但是能起到很好的效果。这是因为每个人都很爱面子，假如我们肆无忌惮地伤害他人的面子，对方也许就会产生逆反心理，导致事与愿违。相反，这种保全他人颜面的批评方式，会让他人在意识到自己的错误之时，反而感激我们，也因此更容易把我们的谆谆教诲记在心里。此外，也因为这种点到为止的批评方式加入了对方独立的思考，所以他们能够更加深刻地认识问题，认识自己的不足，从而让自己做得更好。

作为某城区的城管，夏利和王鹏每天都要与那些打游击的小商贩打交道，简直头疼不已。就说夏利吧，为人刚直不阿，说起话来也是丁是丁卯是卯。在领导眼中，夏利是个好同志，对于小商贩绝不心慈手软，为维护市容市貌作出了杰出的贡献，但是夏利自己并不喜欢这份工作。有一次，他驱赶一个卖糖葫芦的妇女，没想到那个妇女居然撒起泼来，居然把一根长长的竹签插在了夏利的脖子上，夏利当即觉得头晕眼花，不知所措，也无法大声呵斥卖糖葫芦的妇女了。妇女看到自己闯了祸，更是开始撒泼，躺在地上不停地打滚哭泣，引来了无数围观的群众。

夏利当即就被附近的行人送往医院，眼看着妇女的问题还没有解决，王鹏只好留下来继续处理问题。王鹏鉴于夏利的前车之鉴，根本不敢和这个妇女硬碰硬，只好调整思路，以柔和的语调对妇女说："大姐啊，你看看你像什么样子呢！我们的同事都被你刺伤送到医院去了，你在这硬邦邦的水泥地上滚来滚去，再被亲朋好友看到，岂不是丢人吗？其实我们也是为了你好，你与其长年累月地这样与我们捉迷藏，不如好好地办个执照，那样你想卖什么就卖什么，想卖多久就卖多久，多好啊！而且，眼下也不知道我的同事伤情如何，我们当然不想告你故意伤人。你也就见好就收吧，不要为难我们，如何？不然，我可不知道事情将会如何收场啊！"王鹏一番合情入理的话，让妇女马上从地上坐起来，就坡下驴地说："其实，我也想办执照啊。但是

我谁也不认识，根本不知道去哪里办。要是我给你们交了罚款，再看看那个小同志的医药费是多少，我也承担，你们能不能帮我办个照？我保证以后再也不给你们添麻烦！”就这样，妇女找到台阶，赶紧下台阶，也意识到自己犯了严重的错误，认错态度良好。围观的行人们看到事情得以解决，也纷纷散去。

毋庸置疑，城管的工作是很难开展的，毕竟他们整日面对的都是在社会底层艰难求生存的穷人，因而必须讲究方式方法，才能取得更好的效果。假如城管态度粗暴，说话口不择言，就会导致小商贩也歇斯底里。其实，小商贩也是被生活逼得实在无奈，才去做这些打游击的买卖。假如城管能够顾全他们的颜面，以点到为止的方式批评他们，也许城管与小商贩之间的冲突就不会那么多了。

说话，是一门艺术，批评，则是艺术中的艺术。细心的人会发现，很多人不会说话，说起话来，哪怕是说好事，也让人觉得不堪入耳。相反，有些人特别会说话，即便是为难的事情，他们也能够说得入耳、中听，起到良好的效果。纵观古今中外，大凡有所成就的人，无疑不是会说话、能够掌握语言艺术的人。正因为他们的话说得好，所以才能建立丰富的人脉关系，得到他人的认可与肯定。当然，除了语言表达的形式之外，批评的艺术最讲究的就是恰到好处的分寸。我们任何情况下都要给自己留下回旋的余地，这样我们才能掌握“不说破”的批评境界。当然，掌握分寸也是一件很难的事情，因为对于分寸的把握完全需要因人因事而异。所以，我们在批评他人的时候必须多多用心，这样才能更好地掌握分寸，使批评变得不那么惹人讨厌，同时经营好我们的人际关系。

第12章

说话的高手，都懂得方圆处世的语言艺术

§

人与人相处最重要的是心灵的贴近，当然，心灵的贴近不能仅仅靠默契，因为所谓的默契也是通过不断的交流沟通和相处渐渐培养起来的。由此可见，唯有说话的高手才能把话说得恰到好处，才能经营好人际关系，使自己的生活和事业都更加顺遂如意。

§

谈笑风生间，尽现人格魅力

语言，虽然是由我们的嘴巴说出来的，但是其实直指我们的心灵。语言是思想的衣服，也表现了我们的心灵和品格。粗俗的语言，会使说话者的人格也随之降低；高雅的语言，则象征着话说者心灵的高尚。因而朋友们，千万不要小看语言的巨大作用。语言往往能够展示我们的心灵，也能彰显我们的人格魅力。因而，真正善于运用语言的高手，不但能够说好话，而且能够用恰到好处的表达彰显自身的素质和涵养。

一个人的语言若总是富有魅力，则不但表现出自身的综合素质，也能彰显自身的极高品味。在为人处世的过程中，假如我们想要以过人的品格征服他人，则最有利的武器就是语言。和很多其他的投资未必能够获得回报相比，语言则能够成为我们可以随身携带的利器。一个善于运用语言表达自己并且与他人沟通的人，一定是极富魅力的。尤其是在生活和工作中，我们常常因为一些特殊的原因，导致与他人的交流和沟通陷入窘境。在这种情况下，真正的人际交往高手一定能够顺应形势，使用巧妙灵活的语言消除尴尬，活跃气氛，同时彰显出自己独特的人格魅力。如果说人际交往的困境就像是漫无边际的黑夜，那么谈笑风生则能够像一束光亮，刺破黑暗，给我们的交往环境带来极大的转机和改变。

古今中外，那些伟大的人物无一不具有独特的人格魅力。新中国的第一任外交家周恩来总理，就曾经用语言征服了无数的外宾。美国大名鼎鼎的汉

学家塞维斯曾经说，他与周总理的每次交流都像是在进行思想和智慧的碰撞融合，对于周总理，他更是给予了极高的评价。其实，关于周总理巧妙使用语言，发挥语言智慧的事例，在诸多书籍中都有所记载。朋友们，要想提高自身的语言表达能力，做到谈笑间樯橹灰飞烟灭，不如从现在开始多看看关于周总理的传记吧，借此提高我们的语言技巧。

渑池之会后，蔺相如因为功劳大，被国君封为上卿，官位比廉颇更高。对此，为了国家和百姓在战场上浴血奋战、劳苦功高的廉颇颇有微词。他不止一次地说："我是赵国最为战功赫赫的将军，为了国家的安危，不止一次地攻城野战，但是蔺相如如今居然仅凭三寸不烂之舌，就立了点儿功劳，并且官位比我更高。蔺相如出身贫民，如今我居然屈居在他之下，实在是感到羞耻。"每当说起此事，廉颇总是愤愤不平，而且在许多人面前都口出狂言："有朝一日，假如我当面见到蔺相如，我一定会好好地羞辱他一番。"很快，这些话就传到蔺相如的耳朵里，为了避免与廉颇正面相遇，蔺相如总是竭尽所能地躲避廉颇。即便是上朝，他也总是以生病为由刻意推脱。有一次，蔺相如外出的时候远远地看到廉颇的马车驶过来，因而赶紧命令车夫调转车头，躲避到旁边的小巷子里，避免与廉颇相遇。

看到蔺相如居然如此害怕廉颇，蔺相如门下的门客们全都感到非常难堪，他们一起向蔺相如进谏："我们之所以离开亲人，远离家乡，投奔到您的门下，就是因为崇尚您的高风亮节。如今，您与廉颇同朝为官，您的官位甚至还在廉颇之上，你却畏惧廉颇到如此地步，实在是让我们不忍心继续看下去。请允许我们告辞回乡。"看到门客们纷纷请辞，蔺相如竭尽全力挽留他们，因而才诉说了自己的苦衷："你们认为，廉将军和秦王，谁更厉害？"门客们毫不迟疑地说："当然是秦王更厉害。"蔺相如说："秦王那么威严，我都敢在朝廷上呵斥他，羞辱他的臣民。即便我再怎么无能，也不会害怕廉将军吧？秦国那么强大，却不敢攻打赵国。归根结底，秦国是投鼠

忌器，知道赵国有我和廉将军在。我之所以不想与廉将军有正面冲突，就是因为两虎相争，必有一伤，假如我和廉将军为了一争高下，损伤赵国的国力，导致赵国遭到秦国的荼毒，岂不是悲哀吗？我一定要以国家为重，个人受到一点委屈，又算得了什么呢！”蔺相如这番话说得合情入理，门客们不由得对他佩服不已。

没过多久，廉颇也听说了蔺相如的想法，不由得万分羞愧。他马上脱掉战袍，赤裸上身背起荆条，亲自登门拜访蔺相如，向蔺相如请罪。蔺相如也迎出门外，从此之后与廉颇成为了同仇敌忾的好朋友，一起为保卫赵国做出贡献。

为了避免与廉颇正面为敌，蔺相如不止一次地躲避廉颇，甚至连上朝都不去了，偶尔在路上相遇时也会及早避让。蔺相如这种胆小慎微的行为，使得他的门客们全都牢骚满腹，因而主动请辞。无奈之下，蔺相如才说出自己的苦衷，原来他一切都是以国家民生为重，最终他不但说服了门客留下来，也感动了廉颇。不得不说，蔺相如对语言的运用的确达到了炉火纯青的地步，他之所以能够得到所有人的尊重和敬爱，就是因为他高尚的思想。

朋友们，假如我们也能够在与人交谈的时候表现出自己的独特魅力，那么我们一定能够征服更多的人，得到他们发自内心的喜爱和尊重，也由此建立良好的人际关系。现实生活中，很多年轻的朋友在与人交谈时，总是非常自负，喜欢以自我为中心。殊不知，这样的表现是非常肤浅和浅薄的。我们应该改掉这个缺点，成为一个以言谈举止展现深厚修养的人。

真诚的话语，才能让人耳目一新

很多当过父母的人，在与孩子交谈的时候，都会主动地蹲下身体，让

自己的视线与孩子的视线保持齐平。心理学家证实，这样的确有助于与孩子之间的交流，减轻孩子的压迫感，也使孩子们感受到父母发自内心的真诚。其实，年幼的孩子与父母之间压力的产生，主要是因为身高上悬殊巨大。其实，这样的压力并不仅产生于身高的巨大落差，也会因为人们心理上的相差悬殊，随之而生。诸如，有些朋友在与人交流时，总是觉得自己高高在上，对待任何人都是睥睨着，俯视着。当然，他们也许的确在身份地位上更加高贵，或者有权有势，或者有独特的资本，然而这一切都不应该成为我们居高临下与人交流的理由。

我们在任何情况下与他人进行交流时，都要摆正自己的心态，把交流对象当成是与我们完全平等的人对待。唯有如此，我们在语言表达方面才能与他人处于平等的地位，自然而然地真诚表达，使人感到耳目一新。越是身居高位的人，越应该更好地做到这一点，这样才能给人留下良好的印象，使自己与他人的交流更加和谐融洽。熟悉历史的人都知道，魏征是唐太宗李世民的谏臣。李世民之所以能够开创贞观之治，与他从谏如流是分不开的，所以魏征才能始终发自真心地对李世民提出自己的劝谏，帮助李世民治理好国家。高高在上的君主都能意识到亲近臣民的道理，更何况我们只是普通人呢！朋友们，假如你们想要顺利打开他人的心扉，一定要放低姿态，以与他人平等的姿态和他人展开真诚的交流。

美国的一位总统，为了庆祝连任，特意开放白宫，让一百多名小朋友进入白宫参观。作为白宫的主人，他在接待小朋友们的时候丝毫没有总统的架子，而是非常亲切，平易近人。小朋友们问："总统先生，您小时候有没有哪门功课学得特别差，甚至还为此挨了老师的批评呢？"听到这个问题，总统先生哈哈大笑，说："是啊，我小时候很调皮，上课的之后总是喜欢讲话，打扰其他小朋友。因此，我的学习成绩不太好，尤其是思想品德课，更是糟糕，为此，老师可没少批评我呢！"听到总统这么回答，原本在小朋友

们心目中特别高大的总统形象，一瞬间跌落下来，小朋友们都觉得总统也和大家一样啊！

现场的气氛越来越活跃，有位叫柔丝的女孩问总统：“总统先生，我住在芝加哥的贫民窟里，每天在上学和放学的路上都特别害怕，生怕遇到恐怖事件，或者是邪恶的坏人。”听到柔丝的这番话，总统原本微笑着的面孔马上变得严肃起来，他非常认真地说：“我知道，如今有些小朋友的生活还不够好，常常接触到很多社会的阴暗面，不过你们放心，我一定会竭尽全力改变现状的。不过你们自己也要非常努力啊，只有你们自己变得强大，才会有力量保护自己，并且在未来帮助我一起消灭所有的坏人。”在场的小朋友全都瞪大眼睛聆听总统的讲话，总统如此贴近他们的心，使他们意识到总统与他们原来是非常好的朋友。即便是站在一旁的带队老师们，也不由得为总统的亲切和蔼所感动。

后来，总统还告诉小朋友们，他小时候也很迷惘，不知道未来会是怎样的，而且难免会犯各种各样的错误。不过，他也告诉小朋友们，只要自己努力，一切最终都会好起来的。最终，孩子们通过这次参观活动，不但了解了白宫，也对总统深信不疑，他们全都把总统当成自己的大朋友啦！

作为一个国家的领袖，对于前来自己的“家”参观的孩子们，总统却在百忙之中抽出时间来，耐心细致地陪伴孩子们进行参观，而且对于孩子们稚嫩的提问，总统丝毫没有蒙混过关，而是非常认真严肃地回答小朋友的提问，对于小朋友们不好的感受，他也感同身受。高高在上的总统在面对不谙世事的孩子时都尚且如此，我们身为普通人，在和同样身为普通人的伙伴们打交道时，更要降低自己的姿态，使用真诚的语言，这样才能成功打开他人的心扉。

对于任何人而言，真诚的话语，谦逊的态度，都是不可多得的财富。尤其是在与他人交往的过程中，我们要想赢得他人的认可和尊重，更要使用

真诚的语言，让自己“蹲”下来，平视着对方的眼睛。既然眼睛是心灵的窗口，我们就可以通过这样的方式成功地打开他人的心扉，与他们进行心与心的交流。

设身处地为对方着想，把话说到点子上

很多时候，尽管我们不遗余力地与他人说话，费尽心思，却发现他人一直在懵懂地看着我们，似乎根本不知道我们在说些什么。这正是人们常说的对牛弹琴。实际上，听不懂琴声，这本不怪牛，因为牛本来就是牛，从出生之后就是牛，这一点是从未改变的。如果我们想要与牛沟通，让牛将它的理解能力提升到与我们相似的水平显然不可能，最好的办法就是我们试着理解牛的思路，也尝试着用牛能够领悟的方式与它交流。很多人都曾经面对牙牙学语的婴儿，也会发现自己无论多么努力，都无法听懂婴儿的语言。但是当我们尝试着像婴儿一样发出叽里咕噜含混不清的声音时，又惊讶地发现婴儿马上变得兴奋起来，似乎找到了自己的知音一样手舞足蹈。这种现象还明显地体现在两个婴儿见面的时候，他们根本不管不顾身边的父母，就那样你吱呀一声我咿呀一声地开始交谈起来。身边没有人能听懂，但是他们彼此很明白对方的意思。这样的现象在生活中其实很常见。因而朋友们，当你们为了他人听不懂你的语言和所要表达的意思而着急时，千万不要苛求对方进行改变，来适应你，作为讲话的人，你应该调整自己的思路，来站在对方的角度上考虑问题，从而成功地把话说到对方的心里去。

著名的成功学大卡耐基有段时间在很多地方同时开课，进行各种培训和讲座。有一次，他在纽约的一家饭店租用了大厅，并且与大厅的负责人就使用时间和费用等问题都已经达成了一致。此后，卡耐基就开始通知各个地

方的学员上课的时间和地点。正当还有几天就要正式开课时，饭店的负责人突然给他们下了通知，原来饭店临时决定要涨租金，并且幅度很大，高达此前约定的三倍。一时之间，换地方进行讲课显然是不可能了，因为很多学员正从四面八方赶来这里。但是，卡耐基当然不愿意平白无故地付出三倍的租金，思来想去，他只好去找饭店的负责人，对此表示异议。

他对饭店的经理说："坦白地说，接到你们的通知我觉得非常震惊。毕竟，我们是有约在先的，而不是现在才谈起此事。当然，我也能够理解您，毕竟您只是饭店的经理，而不是饭店的老板，很多事情根本不是您可做主的。而且，您既然在其位，就要谋其政，就要竭尽所能地为饭店创收，我不得不承认您是一位非常尽职尽责的经理。要是我是您，可能也会这么做。不过，我今天来并非想要求您改变想法，只是想与您权衡利弊。"

在饭店经理的示意下，卡耐基拿出提前准备好的纸和笔，开始列举涨房租的利弊。他非常有耐心地说："当然，如果您能把大厅租给某些盛大集会之用，租金一定会高很多。不过，这种集会通常只需要用一个晚上的时间，最长也不会超过几天的。因而，您租完之后很有可能空置，如果加上空置期，就远远不如租给我们划算，毕竟我们培训班是细水长流，您的大厅在很长时间之内每天都会有所收益。此外，我的培训班里的学员都是来自各个地方的成功人士，我想对于你们的饭店而言，这恰恰是一个对外展示的好时机。平日里，也许你花费很多的金钱，做各种各样的广告，效果也未必很好。但是我们的学员来了之后，离得近的也许可以当天返回，离得远的为了方便，必然会吃住都在您的饭店里。这样一来，您的营业额自然大大提高。而且，如果他们认可您的饭店，还会在未来再次来到这个城市时，依然毫不迟疑地选择您的饭店，潜在的经济效益不容小视。您觉得呢？"

在卡耐基设身处地的分析下，饭店经理意识到临时涨价实在是得不偿失，因而最终决定只给卡耐基涨50%的房租。由此一来，卡耐基当然很高

兴，毕竟培训班顺利召开才是最重要的。

在这个事例中，假如卡耐基一味地以事先有约定为由，强求饭店经理收回涨价的通知，则最终的结果一定难以得偿以偿。因为在砍价的过程中，卡耐基不知不觉地就站到了与饭店经理利益相对的那一面，大有不是你死就是我活的架势。幸好卡耐基深谙人际心理学，他在整个过程中始终都站在饭店经理的立场上考虑问题，首先肯定了饭店经理的决定，其次又为他分析租与不租的利弊。最终，卡耐基成功把话说到点子上，打动了饭店经理的心，也如愿以偿地为自己争取到最低的房租，可谓一举数得。

朋友们，虽然每个人都是这个世界上独一无二的个体，但是我们也必须生活在人群里，学会与他人打交道。尤其是当涉及到利益冲突的时候，我们一定要记住千万不要随便与他人站在对立面，而要设身处地地为他人着想，从他人的角度出发考虑问题，并竭尽所能地维护他人的利益，唯有如此，我们才能成功说服他人，实现与他人的共赢。假如我们始终都能坚持将心比心，生活中的很多难题都将迎刃而解，人与人的关系也必然更加和谐融洽。

话语灵活，处世通达，才是真正的聪明人

整个世界都处于随时随地的变动之中，这也就决定了我们每个人都在面对瞬息万变的世界，包括人和事，包括各种静止和运动的一切。从这个角度而言，我们要想灵活处世，就必须坚持变通的原则。现实生活中，有很多人都思想僵化，墨守成规，从来不愿意改变自己，这也就直接导致他们处处碰壁，就像困兽被困于囚牢之中。

实际上，既然整个宇宙都在不停地改变，我们有何不能变呢？尤其是在语言交流的过程中，很多人说起话来简直就是一根筋，无论如何也学不会拐

弯。最终，不但得罪了他人，也贻误了自己。真正的聪明人，不但会根据面对的对象不同采取不同的说话策略，也知道根据事情随时随地的改变，及时调整自己的思路。我们常常羡慕别人处世圆滑，却没有发现他们之所以能够在人际交往中如鱼得水，游刃有余，处处得到他人的欢迎，正是因为他们善于改变。

有人认为这个世界上最柔弱的东西是水，殊不知，水不是最柔弱的，而是最善变的，因此也是最通达的。举例而言，水是无孔不入的，即便是坚硬的水泥，它也能够找到缝隙钻进去。水也是最无形的，热的时候化为水蒸气进入空中，自由飘荡；冷的时候化为水，落到地上，汇入百川；最冷的时候还会变得比钢铁更坚硬，成为质地坚硬的物质……总而言之，水是最柔韧无形的，也是最意志坚定的。无论如何变幻形式，都不会改变它作为水的本质。我们做人也应该学习水的精神，像水一样见方则方，遇圆则圆，这样才能通达圆融，对于一切事情都游刃有余。

三国时期，司马昭和阮籍同朝为官。有一次，他们正在上早朝，突然有个侍者前来禀告皇帝："有人杀了母亲！"阮籍一向无拘无束，因而信口雌黄惯了，马上不假思索地说道："杀父亲也罢，怎么能杀母亲呢！"他的话音刚落，满朝的文武百官不由得震惊不已，甚至有人当场指责阮籍忤逆不孝。对此，阮籍也意识到自己失言了，因而马上补充说："我的意思是，禽兽知道自己的母亲，却不知道自己的父亲，如果误杀了父亲，就和禽兽没有两样。如今居然杀了母亲，岂不是连禽兽也不如了吗？"他随机应变，及时补救，因而使得众人虽然感慨唏嘘，却也无可辩驳。就这样，阮籍为自己免除了一场杀身之祸。

在这个事例中，阮籍正是巧妙运用比喻，对自己在众人面前因为一时张狂、口无遮拦说出的错误的话，通过随机应变、灵机一动，作出了弥补，从而避免了大祸临头。很多情况下，糟糕的事情已然发生，我们因为冲动说出

去的很多话也如同泼出去的水一般，根本无法收回。因而开动脑筋及时补救才是最重要的，这样才能扭转局面，让自己变被动为主动，从而弥补过失。

有一次，马克·吐温去参加一个酒会，也许是因为冲动，也许是因为喝多了酒，他居然当众说："美国国会中，有些议员纯粹是狗娘养的。"后来，好事的记者把他的这句话发表到报纸上，以致很多议员都对马克·吐温意见很大。还有很多议员公开要求马克·吐温登报道歉，否则就要对此事无休无止地声讨。

没过多久，马克·吐温参加了一次作家招待会。在会议上，他真诚地说："朋友们，我前段时间在酒会上失言，说很多议员都是狗娘养的。后来，我思谋良久，觉得自己的这句话说得很粗糙、夸大其词，也没有经过深思熟虑，因而严重触犯了很多议员。借此机会，我决定更正上次的酒后失言：在美国国会里，有相当一部分议员都不是狗娘养的。"

马克·吐温看似进行了道歉，实际上，他只是换汤不换药，根本没有改变自己的意见和观点。但是由此一来，那些国会议员却无话可说，因为马克·吐温至少已经从表面上根据他们的要求更正了不恰当的说法。

毋庸置疑，马克·吐温是非常机智聪明的。他借题发挥，将错就错，虽然没有改变自己表达的实质，却最终堵上了那些议员的嘴巴，使他们再也无话可说。这种做法非常圆滑，帮助马克·吐温有效保护了自己，也使得议员们全都哑巴吃黄连，有苦说不出，更加颜面扫地。

朋友们，生活中我们也常常遇到很多尴尬的情况，与其争辩不休、自找难看，不如随机应变，顺应事情的发展作出最机智通达的反应。有的时候，我们不但能够以此消除尴尬，也能够彻底扭转局面，使得自己反败为胜。

忠言未必逆耳，实话也要学会巧说

常言道，忠言逆耳，良药苦口。然而现代社会人们的思想更加成熟圆滑，对于很多事情的处理也更加圆融，因而曾经苦口的良药，诸如黄连素片等，如今已经被包裹上糖衣，使人在吃的时候根本不觉得苦得难以下咽。既然良药都不苦口了，那么忠言是否也能改变外观，变得不那么刺耳呢？答案当然是肯定的。

很多人说话的时候总是开门见山，非常直截了当，殊不知，同样的一件事情，以不同的表达方式作为面貌表现出来，其效果也是截然不同的。细心的朋友会发现，现实生活中，有些朋友说起话来就像吃了枪药一样，恨不得每句话都像一颗子弹，直接射向他人的心窝。其实呢，这些话只是为了达到某个特定的目的，正所谓条条大路通罗马，假如我们能够把心思变得灵活一些，把语言组织得生动感人一些，那么这些话未必要以如此严峻的形式表达出来。即便是实实在在的话，也可以改变方式，说得圆润动人。即便是给人教诲的忠言，也可以改变形式，变得顺耳。这样一来，我们既实现了教诲他人的目的，也不会因此伤害他人的自尊，更不会为此影响我们与他人之间的情谊，岂不是一举数得吗？反之，假如我们痛快地给了他人逆耳的忠告，却从此失去这个朋友，岂非得不偿失、舍本逐末吗？因而，聪明人如果要劝解别人，一定会找到最佳的方式，在保全友谊的基础上，起到最好的效果。

南北朝时期，著名的说法家王僧虔和南齐高帝萧道成都是大名鼎鼎的书法家。有一次，他们俩在一起比赛书法。完成作品之后，萧道成颇为自负地看着自己的作品，问王僧虔："爱卿，和朕的书法相比，你觉得谁的书法更胜一筹，称得上天下第一呢？"听到这个问题，身为人臣的王僧虔觉得很为难，毕竟自己是专业的书法家，而萧道成只是业余水平。但是，假如据实说自己的书法更胜一筹，是天下第一，一定会惹得皇帝龙颜大怒，搞不好还会

招致杀身之祸。如果说皇帝的书法更胜一筹，承认自己作为专业书法家却比不过皇帝的业余水平，他又感到心有不甘，颜面全无。

只见王僧虔认真地思考了一番，突然计上心头，灵机一动说："陛下，我的书法只能在诸位大臣中称第一，您的书法才能在各国天子中称第一。"听到这个回答，萧道成非常高兴，更加沾沾自喜，王僧虔心中的大石头也终于落地了。

对于皇帝提出的问题，王僧虔的确很为难，不管回答谁是天下第一，都不是最完美的。思来想去，他灵机一动，把一个问题分成两个问题，从而使得皇帝沾沾自喜，自己也没有受到委屈，可谓皆大欢喜。王僧虔的回答思路，就是遵循避实就虚的原则。他既没有偷奸耍滑地回答问题，也没有直截了当地伤了皇帝的面子，更是避免了自己因为出言不逊招致祸患。

很多人际交往的高手，在与人交流遇到难题时，都会采取"避实就虚"的方法，把实在的话以巧妙的方式说出来，既不违背自己的本心，也不伤害他人的颜面。要知道，当一个人的自尊心得到满足时，他不但感到高兴和有面子，对待他人时也会更加宽容友善，从而使人际关系和谐融洽。因而朋友们，再也不要以忠言逆耳为由放纵自己口无遮拦了。其实，只要我们多多用心，多多观察交谈对象和事情的发展状况，就一定能够找到恰到好处的方式对待他人，也成全自己。

宽容的语言，为人留下退路

每个人都是人，不是神仙，不可能做到面面俱到。尤其是人们在说话时，很多话都是顺嘴说出来的，又因为受到情绪冲动的影响，以致口不择言，因而言多必失也就成为必然。那么，在说话时，假如一不小心陷入僵

局，我们到底应该怎么做才能使得说出去的话收回来，并保全自己和他人呢？其实，这恰恰是人与人之间和谐相处的秘诀之一，即言语宽容，不管什么时候，我们都要给他人留台阶，也要给自己留下回旋的余地。

清朝时期，乾隆皇帝特别喜欢纪晓岚，因为纪晓岚学识渊博，能言善辩，是诸位大臣中的佼佼者。

有一次，乾隆皇帝突发奇想，要捉弄纪晓岚。他兴之所至，问纪晓岚：“爱卿，你可知道‘忠孝’二字的含义？”纪晓岚毫不迟疑地回答：“当然知道。君要臣死，臣必须死，这就是忠；父要子亡，子必须亡，这就是孝。”乾隆皇帝马上说：“好吧，那我让你立刻去死。”“遵旨！”乾隆皇帝原本想看看纪晓岚作何反应，如何应对，却没想到纪晓岚只说了这两个字，就急急忙忙地跑了出去。

乾隆看到纪晓岚跑开了，当即就后悔了，然而君子一言，驷马难追，更何况他贵为天子，一言九鼎，当然更不能信口雌黄。此时此刻，诸多大臣也都在看着皇帝呢，还有些平日里羡慕忌妒纪晓岚受到皇帝宠爱的大臣，心中暗自窃喜。为了面子，乾隆皇帝只好强忍住懊悔，任由纪晓岚跑了出去。

不想，没过多久，纪晓岚又匆匆忙忙地回来了。但是，他全身都湿漉漉的，看上去就像是个落汤鸡。乾隆皇帝心中大喜，但是表面上仍然装作惊讶的样子问：“爱卿，你怎么又回来了？”纪晓岚给乾隆磕头行礼，说：“我原本是想尽忠的，没想到遇到了屈原，是屈原劝说我回来的。”“哦？”乾隆皇帝心中暗自好笑，不知道纪晓岚接下去还会说些什么，因而追问：“屈原说了些什么呢？”

纪晓岚一本正经地说：“臣到了河边，正在往河中心走，屈原从水中出现，对我说：‘纪晓岚，你看似聪明，怎么能如此糊涂呢！我当年投河自尽，是因为楚王昏庸无能，我看不到国家希望，不得不死。但是当今圣上如此贤明，任人唯贤，不但国家有望，你也可以大显身手，死了岂不可惜吗？

还是快快回去吧，回到圣上的身边尽心尽力！’”听了纪晓岚的回答，乾隆皇帝忍俊不禁。

纪晓岚聪明绝顶，当然知道乾隆皇帝根本舍不得让他去死，只是碍于面子无法收回成命而已。因此，他想出这样一个办法，借屈原之口，不但夸赞了当今皇帝，也给自己铺了台阶，从而保全了性命。正所谓伴君如伴虎，很多时候，君无戏言，哪怕是一句玩笑话，也必然要有人付出沉重的代价。作为皇帝身边的近臣，他们每时每刻都要与皇帝打交道，因而必须掌握皇帝的心思，还要有灵活机智、圆场的能力，才能逢凶化吉，化险为夷。

每个人生存在这个世界上，都免不了要与他人打交道。在与他人进行语言交流的时候，千万不要逞一时之强，断了自己和他人的退路。其实，语言上占据上风没有太大的意义，除非是在辩论赛上，人们有目的地展开唇枪舌战。在现实生活中，人们做任何事情都是有目标的，如果彼此之间能够和谐友好地共同达成目标，又何必要大动干戈，弄得无法继续当朋友呢！明智的人从不以语言取胜他人，而是给人留有余地，也给自己留有台阶。

看菜吃饭，量体裁衣，说话也要因人而异

在这个世界上，绝没有两片完全相同的树叶，也绝没有两个完全相同的人，很多情况下，我们之所以与他人沟通时产生障碍，根本原因就在于我们与他人是完全不同的生命个体。对于生命的独特性而言，这种差异的存在是永恒的。因而要想更加愉快地与他人交流，我们首先应该学会因人而异，采取不同的说话策略，这样才能使交流顺畅。

任何时候，我们都不应该强求别人适应我们。常言道，出门看天色，进门看脸色。这句话虽然是民间俗语，听起来话很糙，但是道理很中肯。面

对不同的交谈对象，我们也应该采取不同的方式。例如在与老人说话时，我们必须非常尊重老人，给予老人合适的称谓，这样才能让交谈进行下去；在与孩子交流时，我们就要考虑到孩子天真活泼的本性，多说一些孩子感兴趣的话题，和小女孩谈谈芭比娃娃，和小男孩说说变形金刚，这样才能够勾起他们的谈兴；和女人说话时，如果对方是妈妈，可以说说育儿心经，如果对方是时尚的摩登女郎，那就以时尚为话题；和男人交流，可以以车子或者是旅行作为话题，因为男人总是充满着征服的欲望，任何时候都不肯服输……反过来，假如我们和老人谈论化妆品，和男人说起芭比娃娃，和女人说起养老的问题，和孩子说起医疗援助，则无异于对牛弹琴，无论我们多么努力，都会导致谈话毫无结果。从这个意义上来说，谈话能否顺利进行下去，很大程度上取决于我们对交谈对象的判断是否准确中肯。所谓看菜吃饭，量体裁衣，我们只有看人说话，才能把话说好，把话说到关键所在。

十九世纪时，维也纳流行歌剧，很多上流社会的妇女一有闲暇，就会戴上高高的宽檐帽子去剧院欣赏歌剧。她们即使进入剧院，也不愿意摘下帽子，因此，她们高高的帽子总是挡住后排人的视线，导致后排的人怨声载道，不止一次地对剧院经理提意见。虽然剧院经理第一时间就要求女性观众摘下帽子，但是大多数女性观众都对其不理不睬，无动于衷。

眼看着剧院里的生意受到影响，剧院经理绞尽脑汁，终于想出了一个好办法。有一天，他赶在歌剧开演之前，站在舞台中央对全体观众说："各位朋友们，为了给予大家更好的观看体验，所以剧院从即日起要求每一位观众都要摘掉帽子看戏，以免影响其他人的观看。不过，为了照顾年老体弱的老年女士，剧院也作出人性化规定，即年老的女士——请听清楚——年老的女士，可以不摘掉帽子。"剧院经理的话音刚落，台下坐着的所有女性都马上摘掉帽子。

对于女性来说，谁愿意承认自己老呢？尤其是要被当成年老体弱的老妪

接受特殊的照顾，这是每一位女士都无法容忍的。剧院经理正是抓住女性朋友这样的心理特点，因而成功地让她们全都摘掉帽子，彻底解决了后排人视线受到影响的难题。

朋友们，在因人制宜说话的时候，我们有很多因素需要考虑，诸如：听者的年龄、性别，文化水平，心理特征，情感需求，脾气秉性，当时的心境等。只要我们能够在说话之前综合考虑这些因素，就能够做到有的放矢，更好地与对方交流和沟通。当然，在注意到这些因素之后，我们依然要坚持前文所说的诸多原则，诸如真诚友善、平等对待以及将心比心等，这些都是对交流的加分项，一定不能忘记哦！

第13章

面对棘手问题，把它看作展示自己的挑战

§

人生不如意十之八九，每个人的人生都不可能顺遂如意。面对人生的诸多坎坷和挫折，我们是知难而退，还是迎难而上呢？真正人生的强者，一定能够做到迎难而上，从而提升和完善自我，并从人生之中得到更多的收获。很多人都为了人际交往的问题感到头疼不已，特别是交流过程中遭遇的尴尬和冷场，更是使他们手足无措。其实，我们只要端正心态，把这些不如意都看成是人生的挑战，勇往直前，这些难题也就能迎刃而解。

§

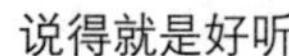

面对语言的逆境，巧妙公关才能化解困局

很多朋友都曾遭遇过这样的困境，即原本和他人沟通得非常顺畅，却一不小心因为某句话说错了，导致对方突然闷闷不乐、郁郁寡欢，原本和谐的沟通也就此戛然而止。最可怕的是，眼下大家都还在面对面呢，突然的冷场使得每个人都万分尴尬，不知所措，如果不能及时打破这种僵局，甚至还会影响友情，可谓损失惨重。还有一种情况，即在公开场合或者重要场合一不小心说错了话，也同样会令一切都无法继续进行下去，这也是让人非常为难的。在这种情况下，我们必须掌握语言的艺术，随机应变地面对语言中突如其来的逆境，从而顺利化解困境。

作为一名刚刚毕业的大学毕业生，张华这次是第一次代表公司独立拜见客户。在客户的公司里，张华等了很久，才等到客户开完会。他原本就紧张的心情，在漫长的等待中变得更加忐忑不安了。刚刚见到客户，接过客户递来的名片，一眼瞥到名片上赫然写着“腾野俊”，张华不假思索地说：“藤野先生，您远渡重洋来华创业，真是让人钦佩啊！”不想，客户微笑着说：“不好意思，我姓腾，名野俊，我是真正的中国人。”张华不由得面红耳赤，恨不得找个地缝钻进去。又过了一会儿，他才回过神来，赶紧弥补自己的失误。他笑着对客户说：“真是不好意思，腾先生。我对鲁迅先生的文章印象深刻，一看到您的名字，情不自禁地想起了对鲁迅先生影响深远的藤野先生。既然今日有幸和腾先生相识，我也必然像鲁迅先生向藤野先生虚心学

习那样，真诚地向您求教，还望您不吝赐教。”这番话使原本面有愠色的腾先生感到非常惊讶，也转怒为喜，不由得开始欣赏这个年轻人的机智。

说错别人的名字，原本就会使人感到厌烦，况且是把一个中国人说成了日本人呢！幸好，张华虽然社会经验不足，但是好歹上学的时候还比较认真，因而才能及时为自己打圆场，最终以一番中肯的话赢得了客户的好印象。倘若因言语上的失误失去一个客户，可谓损失惨重。

马季作为大名鼎鼎的相声表演艺术家，经常去全国各地进行演出。有一次，他去了湖北省黄石市表演相声。不想，或许是因为紧张，在他之前登台的一个演员一时不慎，把黄石市说成了黄石县，惹得台下的观众们哄笑不止。为此，马季刚刚登台，就冲着台下的观众们说：“今天，我们很荣幸来到黄石省……”马季的话使依然为了“黄石县”窃窃私语的观众朋友们更加惊讶不已，这时，趁着大家瞠目结舌的功夫，马季抓紧时间继续说：“刚才，我们的一位演员也许是因为激动，把黄石市擅自降级成为黄石县，这就相当于降了一级。我呢，为了让大家心理平衡，咱们都是市区里的人啊，所以把黄石市升一级，变成黄石省，这样一来，一升再一降，自然就恢复原来的级别啦！”听到马季幽默的话，台下的观众们再次哈哈大笑，不过这次的笑是善意的笑，是赞许的笑。就这样，大家都把注意力集中在这个幽默机智的相声演员身上，马季先生的表演自然得以顺利进行。

每一位演员都以登台表演为自己的专职工作，即便他们身经百战，也无法避免因为紧张而犯错误。在语言上有了失误之后，合格的演员一定能够进行及时的补救。就像事例中的马季，虽然那是前面一位演员导致的错误，但是他一登台就作了补救。因为只有这样，他才能收拢观众的心，从而进行自己的表演。不得不说，马季是非常机智幽默的。

朋友们，我们在生活和工作中免不了要和他人打交道，也难免因此产生语言上的失误。为了尽量避免这种情况的发生，我们一定要开动脑筋，掌

握语言表达的艺术，即便真的出现失误，也不要惊慌失措。只要我们保持机智，再采取恰到好处的方式弥补漏洞，就能彻底解决问题。诸如，我们可以采取自嘲的方式逗笑他人，从而成功转移他人的注意力；也可以顺着错误的表达继续往下说，从而自圆其说；还可以发挥幽默的能力，让现场的气氛活跃起来。总而言之，任何漏洞都是可以弥补的，最关键的在于我们要保持冷静和机智，才能让思维活跃，随机应变。

面对话题陷阱，聪明人自有应对

在漫长的一生之中，每个人都难免会遇到困扰，遭遇无处可逃的困境。在这种情况下，旁观者往往很难伸出援手，毕竟并非所有的困难都可以与人分享。诸如在与人交流的过程中，我们突然遭遇话题陷阱，这时难道能够终止交流，去申请援助吗？当然不能。我们唯一能做的就是根据当时的情况及时应变，从而帮助自己解围。举例而言，当被他人问及你的能力与某人相比谁更高时，毫无疑问会使你陷入进退两难的境遇中——贬低自己心有不甘，贬低别人导致树敌，这可如何是好呢？其实，这个误区之所以存在，是因为人们被选择性提问禁锢了思维，不由自主地想要从他人和自己之中作出坚定不移的选择。假如我们的思维很活跃，就会发现可以不按照选择题的方式回答这个问题，而将其作为简答题，针对各人的优缺点进行简单的阐述。至于到底谁的能力更胜一筹，就让听话者自己去琢磨和领悟，得出最终的结论吧！

作为普通人，我们尚且经常遇到这些使人为难的话题陷阱，作为公众人物，那些成功人士更是经常遭遇这种进退两难的境遇。不过，大多数成功人士都有着很高的情商，也能够做到从容应对。当然，有些话题陷阱是被人故

意提出来的，有些话题陷阱则是无形中出现的，对于提问者不同的初衷，我们也应该区别对待。因为这两种不同初衷的提问者其实是有着不同诉求的，唯有更好地了解他们的心理，掌握他们的感情需求，才能更好地满足他们的诉求。很多时候，他们之所以提出这种问题，并非是在乎答案，也可能只是为了得到想要的结果。

小孟已经和女朋友菲菲谈了一年多恋爱，眼看着开始谈婚论嫁，双方父母也彼此见过面了。在小孟向菲菲求婚的那天晚上，菲菲突然提出了一个问题："如果我和你妈妈同时掉进河里，你先救谁？"小孟一听到这个问题头就大了，因为自古以来这个问题的确难倒了很多英雄汉啊，更是把很多英雄汉都拍死在了沙滩上。为此，小孟陪着笑脸回答："你不是会游泳吗？"菲菲嗔怪地说："如果我们俩都不会游泳呢？"小孟说："那我就救距离我最近的那个，这样成功率是最高的。"菲菲又说："那如果我们俩距你一样近呢？"小孟想了想，说："老婆，你是我在这个世界上最爱的人，妈妈又是辛辛苦苦把我养大的人。如果你们俩都不会游泳，又离得一样近，那么我就先救妈妈；如果我救完妈妈之后，再去救你时已经救不了你，那么我就和你一起去死，无论生死都陪伴着你。"

听到小孟悲壮的回答，菲菲感动不已，说："放心吧，亲爱的，我也会游泳，我会和你一起救妈妈的，我可不想让你陪着我一起死，我还没过够和你在一起的甜蜜生活呢！"

不知从何时开始，媳妇和母亲同时落水先救谁的这个话题被提了出来。面对这样使人为难的话题，很多男子汉都被难倒了，因为不管怎么回答，都面临着两难的选择，因而这个问题也就成为真正的话题陷阱，被无数冰雪聪明的女孩拿来考验男友对自己的爱情。殊不知，这个话题根本没有选择的共性，对母亲的爱和对妻子的爱是完全不同的，也是并不冲突的。从这个角度来说，用这个问题考验男友的女孩，都未免有些情商太低。但是即便是如此

的指责，也无法令女孩们不再继续提出这么弱智的问题，因而众多优秀的男士在不停的讨论之中，最终得出了如同上文的小孟一样悲壮的回答。

从本质上来说，这个问题中所描绘的情形基本不可能发生，即便母亲和妻子真的一同落水，也不会是在同一地点，且远近相同。因而，女孩更想要得到的是验证男友对自己的爱的回答。男友愿意在尽孝之后陪着自己去死，也可谓是感天动地了，她们在得到如此悲壮的回复之后，会马上恢复理智，坚决不允许这样的情况发生。对于聪明的男士而言，这种回答尽管悲壮，却最容易过关。当然，我们在生活中面对的话题陷阱千奇百怪，各种各样，我们必须足够聪明机智，才能及时给出使人满意的回答。这也从另一个角度说明，语言表达绝不仅是嘴巴上的事情，而是大脑经过深思熟虑的慎重选择。我们唯有保持清醒和理智，才能避免尴尬，变被动为主动，从容理智地解决问题。

对于责难，与其辩解，不如让事实说话

人生在世，我们很难令每件事情都心遂所愿，得愿以偿。我们常常遇到各种各样的难题，尽管有人会选择逃避，但是大多数人还是愿意勇敢面对。虽然大多数人都是非常和善友好的，但是在特殊的情况下，我们也会面对别有用心的故意刁难，或是因为遭到误解而被他人责难。在这种情况下，如何顺利过关呢？这就需要我们八仙过海，各显神通，各自展示自身的能力啦！

不管是在生活中还是工作中，我们不可能一直面对好人，也常常需要面对那些居心叵测的人。他们之所以刁难我们，理由多种多样，或者是上司看下属不顺眼，或者是朋友之间的忌妒，又或者是因为我们过于优秀，木秀于林。总而言之，他人如果有意识地想要责难我们，总是能够找到各种各样的原因，这些原因也是我们很难反驳的。尤其是在职场上，作为下属，若是

我们不小心得罪了上司，那么上司想要责难我们简直是分分钟的事情，随随便便就能找到各种各样的理由，完全不假思索。对于这样故意的曲解，有些性格耿直的人会暴怒，指责对方不怀好意，故意针对。然而最终的结果呢？我们在与他们毫无意义的争辩中变得更加难堪，甚至因此落人话柄，导致一切都无法收场。也有些人胆小怯懦，不敢与上司发生冲突，因而只能一忍再忍，永远也不会忍无可忍。这样的做法尽管可以息事宁人，但是唯一对不起的就是我们自己。想想吧，我们起早贪黑、朝九晚五地工作，凭借自己的劳动和努力吃饭，为何要平白无故受气呢！况且，有些上司总是柿子捡软的捏，看到某个下属好欺负，就更加变本加厉。由此可见，逃避也不是好的方法，更不可能彻底解决问题。其实，真正明智的做法是，暂时默不作声，同时默默努力，最终以事实说话，证明自己的能力和实力，也使得上司再也不敢对我们搞小动作。当成绩切实做出来了，我们再发出声音，那就是有底气有实力的声音。

娅菲作为一名全职妈妈，直到和老公发生婚变，才重新开始工作。然而，已经生疏了几年的专业，真的还能够再次拾起来吗？娅菲找了很长时间的工作，都没有碰到合适的。无奈之下，她只好接受了自己的男闺蜜张总的帮助，在张总的举荐下进入一家知名公司的财务部，从最底层干起。

因为知道娅菲是裙带关系进来的，财务部的负责人马姐对于娅菲颇为不以为然。自从娅菲进入部门，她先是安排娅菲一个人去一个大冷库盘点，娅菲在盛夏穿着厚重的羽绒服和羽绒裤，独自在仓库干了三天，就把账目做好了。后来，又是接二连三地加班，同事们都很奇怪：马姐以前是反对加班的，现在为何天天加班到深夜，甚至是凌晨呢？直到一个周五的下午，马姐要求周六全员加班，娅菲连夜做好了所有的工作，等到马姐周六早晨八点到达公司时，娅菲把工作交给了马姐，说：“马姐，我的工作已经做完了，我要回家陪伴孩子了。”马姐毫不客气地说：“我并没有说连夜加班的就可以

周六回家啊！”娅菲也坚定不移地说：“马姐，虽然我很需要这份工作，但是不会为了工作不陪孩子。我已经做完了所有的工作，我周五晚上回家换了衣服就赶回来工作，直到现在。如果你坚持让我加班，我只能申请辞职。”这时，马姐突然笑着说：“曾经，我以为你是个花瓶，因而对你不以为然。现在，通过这段时间的考察，我证实了你不是花瓶。你很有能力，也勤奋刻苦，好吧，我代表财务部全体职员欢迎你的加入。回家陪孩子吧，其实我们平时也很少加班的。”

就这样，娅菲以自己坚持不懈的努力和超强的工作能力告诉马姐，虽然她是通过关系进来的，但绝不是华而不实的花瓶。就这样，娅菲得到了马姐的认可，未来的工作开展得非常顺利，她还与马姐成为了好朋友呢！

在这个事例中，崇尚实力的马姐误以为娅菲是靠着裙带关系进入公司的花瓶，因此对娅菲百般看不顺眼。为了考验娅菲，她还给娅菲分派了很多艰巨的工作任务，结果娅菲全都提前保质保量地完成了。对于娅菲的表现，马姐看在眼里，记在心里，因而对娅菲非常满意。不得不说，虽然娅菲前期保持沉默。但是在做出一定的工作成就后，她说起话来就有底气了。这样的结果，当然非常完美。

作为普通人，我们难免会遭到他人的误解，甚至会被他人不公正地评价，在这种情况下，我们与其忍辱负重、一忍再忍，以致成为他人手中的软柿子，不如暂时忍耐，默默努力，最终靠着实力为自己代言。这样一来，我们终将使他人无话可说，并且由衷地对我们竖起大拇指。

老王卖瓜自卖自夸，也要会夸

生活中，对于那些喜欢夸自己的人，人们将其形容为老王卖瓜，自卖自

夸。的确，作为一个卖瓜的人，当然会说自己的瓜好了，其实不管是卖什么的人，都会无一例外地说自己的东西好，这是人之常情。就连父母对于自己的孩子，也是怎么看怎么喜欢，觉得自己的孩子是最漂亮最聪明最优秀的；尤其是在孩子小的时候没有比较的情况下，这种现象更为明显。那么对于自己呢？除了天生自卑的人之外，大多数人都觉得自己很好，非常优秀，也常常因此沾沾自喜，更有甚者还会妄自尊大。从心理学的角度而言，这无可厚非，毕竟一个人唯有自信，才能立足于社会。

然而，假如我们夸赞自己的方式不恰当，就会给人留下狂妄自大的感受。因而朋友们，在夸自己的时候，我们一定要掌握好方式方法，会夸，把自己夸得恰到好处，而且能够赢得他人的认可和尊重，这才是真正成功的自夸。作为互联网界的传奇，马云同时也是一位营销高手。和所有的销售人员一样，他在成功营销自己的产品和公司时，首先做的就是成功地推销自己。他在说话的第一时间，总是能够牢牢地吸引他人的注意，使他们集中精神倾听他的演讲。此外，马云的口才也特别好，尤其擅长演讲。他的演讲不但言简意赅，生动活泼，而且能够成功地把自己推销出去。需要注意的是，很多人在推销自己以及自己的产品时，总是赤裸裸地讲述自己和产品多么好，丝毫没有技巧性和艺术性可言。马云则不同，他推销自己的方式并非盲目自夸，而是更多地站在他人的角度，告诉他人一旦选择了他和他的商品，就会有怎样的收益。如此一来，作为准获益者，对方怎能不对他的话倍感兴趣呢！下面，就让我们看看马云是如何推销自己的淘宝店铺，号召大家都去淘宝开店的！

我们接下来要做的，是帮助诚信的网商发家致富。邓小平曾经主张让一部分人先富起来，我们的宗旨就是让诚信的网商先富裕起来。阿里巴巴看中信用，在阿里巴巴，信用就是财富。在前些年的网商大会上，我们曾经呼吁银行给中小企业贷款，但是银行显然无法顾及到这么多的中小企业。银行也

很难，人人都很难。银行有着自身的固定模式，这就限制了他们更好地为中小企业和网商服务。因此，阿里巴巴才准备切实地帮助网商。这么做并非仅仅出于盈利的目的，可以说我们把盈利的目的排在其次。在这个时代，为了重建整个社会的金融体系，我们必须推广互联网思维，也帮助大家更好地利用互联网的新技术。

在全新的金融体系中，只要有信用，我们无须抵押；只要有信用，我们无须托人找关系；只要脚踏实地地服务于客户，我们也不需要巨大的利润。我们曾经进行了两年的试验，事实证明，我们的几百名员工成功地给四十五家企业贷款，每家企业的平均贷款额度是4.7万元。这只是第一步，是探索的一步，我们将会继续完善技术，建立更加完善的信用等级，从而帮助在座的各位都享受到我们的金融服务。你们代表着未来，也代表着希望，我们必须竭尽全力地帮助你们，我们也才有希望。我们当然不会做赔钱的生意，因为那样根本不长久。我们要进行可持续性发展。

在这段讲话中，马云通篇都从网商的利益点出发，看似全部是在为网商考虑，实际上也讲述了自己的很多优点，诸如不需要抵押，不需要找关系，只要有信用就能得到良好的金融服务等。这样的演讲方式，必然牢牢地吸引在现场的诸多网商，因为每一句话都与他们的利益息息相关。网商听到马云的这段演讲之后，脑海中一定会浮现出很多关于未来的美好画面，从而为自己选择追随马云而感到无比庆幸。

马云的营销术之所以成功，就是因为他始终站在他人的角度阐述问题，于无形中自夸，使人听起来毫不排斥和抗拒。在这个世界上，没有人愿意为别人的优秀付出代价，他们更愿意相信自己的判断和选择，也愿意为自己的优秀付出代价。因此，当我们想向别人展示我们的优秀时，不如更多地告诉别人，他们明智地选择我们之后，人生将会出现怎样积极的变化。这样一来，他们自然会拥护自己的选择。

步步为营，让听者主动改变执念

说服他人绝非是一蹴而就的事情，如果他人心中的“障碍”没有被清除，则无论如何，我们都不可能成功地说服他人，更不可能做到使他们心服口服。细心的人会发现，人们说话有时很喜欢用“我”字，这就意味着他们的自我观念很强，很喜欢以自我为中心。然而，这样的说话方式却很难让人接受，尤其是对听者而言，一直听着别人说“我”，难免觉得被忽视。

从本性的角度而言，每个人在看待问题、思考问题的时候，总是情不自禁地从主观出发，站在自己的立场上，为了自己的利益而考虑。这完全符合人们本能的心理反应，无可厚非。然而在说服他人的过程中，或者我们想要把自己的观点灌输给他人时，就一定要改变策略，从他人的角度思考问题，从而使他人心甘情愿地接受我们的观点。当然，要想达到这个目的，我们必须组织好语言，采取恰到好处的策略，才能事半功倍。

徐雪刚刚大学毕业，走上教师的工作岗位，就成为初三年级有名差班的班主任。刚开学没多久，学校就安排各个班级分担修整校园的任务，因为初三的学生年纪比较大，力气也大，所以校长特意安排徐雪所在的班级负责平整操场。虽然同学们中午回家吃饭之后，都按照要求带来了劳动工具，但是顶着炎热的大太阳，谁也不愿意带头去干活。徐雪看着大家慵懒的样子，感到非常为难，看着那些比自己还高大的学生，徐雪知道不能强迫他们。思来想去，她想出了一个以退为进的好办法。

只见徐雪和同学们一起待在阴凉树下，不停地拿起手绢擦额头上的汗珠，口中还不停地嘀咕着：“今天可真热啊，很久没有遇到这么热的天气了。”同学们看到老师也嫌热，不由得纷纷叫嚷：“是啊，今天可真是太热了。老师您听，知了都热得受不了了，要是在太阳下干活，非得晒脱了皮不

可。”这时，徐雪并没有批评同学们的想法，而是理解地说：“是啊，的确如此。不如，老师就擅自做主，咱们现在在树荫下做游戏，玩一玩，等到太阳落山之后，开足马力抓紧时间干活，如何？”听到徐雪的提议，学生们纷纷表示认可，这时，徐雪又趁热打铁地说：“那就这么决定了，但是大家要记得自己的承诺哦，太阳落山之后必须抓紧时间努力干活，不能耽误校长分派的任务。咱们可是君子约定！”就这样，徐雪还自掏腰包给学生们买了几十根冰棍，这个下午，徐雪觉得自己和学生们之间的关系亲近了很多。”没等太阳下山，同学们就主动拿起工具开始干活，他们纷纷说：“咱们可不能给老师丢人啊！”

在这个事例中，大学刚毕业的徐雪，自身也是刚刚从学生角色变成老师的角色。因此，她很理解同学们心中的想法。她并没有强制那些比自己还高大的学生们服从命令，因为她知道学生们必然不服气。综合各个方面的情况考虑，她顺其自然地与学生们定下了君子协议，而且自掏腰包买了冰棍给学生们吃。初三的孩子已经很懂事了，因而他们在得到老师的信任之后，也以同样的信任回报老师。正因为如此，他们才能在做完游戏、吃完冰棍之后，主动拿起工具开始干活，只为了给老师挣得面子。

任何时候，想要说服他人，我们都必须设法打开他人的心扉。一个人只有想明白了，才能主动改变自己的思路，接纳他人的意见或者建议。如果打个形象的比喻，那么说服他人就像是层层剥笋，我们必须让被说服者主动说服自己，说服工作才能事半功倍。

拒绝他人，也要让他人保持愉悦

人生在世，不管能力多么强，都难免会遇到仅凭一己之力无法战胜的艰

难困境，在这种情况下，自己扛不过去了怎么办？其实很好办，所谓众人拾柴火焰高，每当这时，我们一定要学会向他们求助。我们不擅长的事情，也许他人恰恰很擅长，不费吹灰之力就能完成。这样一来，我们就可以与他人取长补短，在他人需要的时候，也如此慷慨大方地给他人以援助，这样彼此的力量都会增强，也就能够相互扶持和成就。

人与人之间的帮助是相互的，不但我们常常有求于人，他人也会因为自身能力不足，在面对他们不擅长的事情时求助于我们。这样一来，我们每个人都需要他人的帮忙，也常常面对他人的求助。毋庸置疑，在需要他人帮忙时，我们迫不及待地想要得到他人的帮助，但是在面对他人的求助时，我们未必每次都能慷慨地伸出援手。有的时候是因为我们的能力不足，有的时候是因为我们自顾不暇，也或者是因为其他的原因，总而言之，即便我们愿意竭尽所能地帮助他人，也无法做到有求必应。归根结底，每个人都有心有余而力不足的时候，残酷的现实也禁锢了我们，使得我们无法如愿以偿地做成所有事情。由此一来，我们就面临着如何拒绝他人的难题。

在拒绝他人时，假如我们直截了当，毫不掩饰，虽然能够达到开门见山的效果，但是难免会伤害那些心中怀着希望的人。还有些人明明能力很强，就是不愿意帮助他人，拒绝他人时也不讲究方式方法，因而导致他人被拒绝之后，对其心生怨恨，以致彼此成为敌人，可谓得不偿失。毫无疑问，你是否帮助别人是你的权利，但是以拒绝为机会伤害他人的心，就是你的不对了。要想让他人愉悦地接受我们的拒绝，不管什么时候都与我们维持友好关系，就需要我们更好地组织语言，以恰到好处的方式拒绝他人。

作为大学同学，小静和乔乔也是好朋友和闺蜜。大学毕业后，乔乔回到家乡当了一名旱涝保收的老师，小静则去了深圳，四处奔波找工作。在最难的时候，小静甚至没钱吃饭，不得不住在连手机信号都没有的阴暗地下室里。而乔乔却在家乡过着悠然自得的生活，每天朝九晚五，按部就班。直到

一年多以后，小静的工作才稍微有些起色，工资也涨了一些，这才比乔乔挣得多了点。看到小静独在异乡为异客，也没有太多的收获，乔乔几次动员小静回到家乡，但是小静始终没有动摇。

转眼之间，五年的时间过去了，小静已然在异地打拼出了属于自己的天地。她如今已经成为一家企业的中层管理者，不但月薪过万，而且开始筹备买房。不过，深圳的房子很贵，尽管月入过万，还月供不是太大的问题，但是小静却缺少首付。这时，她想起了在家乡的好朋友乔乔，因而和乔乔开口："亲爱的，你工作这几年有积蓄吗？家里开销小，吃住都在家中，应该能攒下一些钱吧！"乔乔听到小静这么问，意识到小静也许是有求于自己，但是想到自己的钱已经都借给弟弟了，因而赶紧把话说在前面："别提了，我之前是有些积蓄，而且结婚的时候婆家给的见面礼什么也都存起来了。但是我弟弟上个月结婚了，我爸妈为了给他买房、操办婚事，把所有的积蓄都花光了，四处借也没借到，就把我的钱也拿去用了。我七拼八凑还借了一部分，才给他们凑了十万块钱。"听到乔乔的话，小静也没有了下文，她是知道的，乔乔的弟弟只比乔乔小两岁，正是结婚的年纪。这时候，乔乔问："亲爱的，你是缺钱了吗？"小静把自己买房的计划也简单说了说，小静说："亲爱的，你现在要钱我的确是没有。不过要是你能等，我到年底的时候应该会有几万块钱。我和我丈夫的绩效工资都要等到年底才一次性发完。"

听到乔乔主动说出这些话，小静高兴地说："亲爱的，你真好。你的心意我领了，不过大城市房价涨得快，我想我还是赶紧借钱买了。不过，有你这句话，我就觉得很满足了。"就这样，小静继续四处想办法筹钱，根本没有抱怨过乔乔，反而为自己有这样的好朋友感到幸运呢！

在这个事例中，小静向乔乔借钱，没有借到钱的她原本应该心中郁闷，但是乔乔的拒绝之词说得有理有据，而且小静也的确知道乔乔所说的情况；

再加上乔乔主动提出年底会有几万块钱，向小静证实了自己眼下其实很想帮助她，只是心有余而力不足而已，最终赢得了小静的谅解。小静当然也很清楚，现代社会要想借钱是很难的，不是绝对的信任，根本借不到钱。为此，虽然她没有从乔乔那里得到切实的帮助，却感到非常满足，也很感激这个对自己真心诚意的好朋友。

朋友们，在拒绝他人的时候，我们当然有着各种各样的理由和借口。在拒绝他人时，我们一定要耐心地说清楚原因，即便只是因为不乐意付出而拒绝他人，我们也应该制造合理的借口，千万不要直截了当地告诉别人："我有能力，但就是不想帮你，你能怎么着！"如此一来，对方一定会对你感到非常失望，甚至因此抱怨你、怨恨你。人都是要面子的，尤其是当一个人鼓起勇气向他人张口求助时，更是鼓足了勇气。因而，我们不管是否帮助别人，都要顾全他人的颜面，不要最终没有帮助他人，反而伤害了他人的自尊，那就不好了。当然，拒绝的技巧有很多，列举自己的实际困难、证实自己的确心有余而力不足，只是其中的一种方式。除此之外，我们还可以使用抬高他人、贬低自己的方式，这种方式同样能够避免他人心生抱怨，甚至被拒绝了也依然感到很开心。当然，每件事情的情况都是不同的，我们面对的每个拒绝对象也是不同的。要想让拒绝起到最好的效果，我们必须根据事情的实际情况和拒绝对象的脾气秉性，采取最为恰当有效的方式。

坦然回首曾经的困厄，这一刻最动人

在世界上出现第一个吃螃蟹的人之前，没有人知道螃蟹的鲜美味道，因而对螃蟹敬而远之，根本不敢尝试。正如俗话所说的，要想了解梨子的味道，必须亲口品尝。这也就意味着，我们要想明白更多的道理，积累更多的

人生经验，必须亲自尝试。或许有人会说，我不用亲身尝试，只要听说过，就能把那种经验内化为自己的。其实不然。任何时候，当事人和旁观者的心态和感受都是截然不同的。

唐代伟大的诗人白居易，曾经作了一首诗描写庐山上的优美景色，内容如下："人间四月芳菲尽，山寺桃花始盛开。长恨春归无觅处，不知转入此中来。"对于诗人这样的描述，如果一个人不曾去过庐山，不曾亲眼欣赏庐山的美丽景色，是根本不可能深有体会的。春天都已经过去了，庐山怎么可能留住春天呢？只有真正欣赏过庐山景色的人，才能真正感受到庐山的美景，也才知道山间的春天总是更晚一些。其实，我们在生活中经历的各种酸甜苦辣，又何尝不是一种游历呢！幸福快乐的时光，总是转瞬即逝；遭遇困厄时的艰难岁月，人们也常常觉得度日如年。实际上，无论是怎样的人生体验，在时光流逝之后，都会变成我们生命中弥足珍贵的经验。越是艰难的时刻，带给我们的感受也就越深刻。看似无法逾越的困境，当我们咬着牙坚持过来之后，会发现人生中的那一刻最值得记忆。

不得不说，对于任何人而言，每一次经历都是非常难得的进步，尤其是在战胜苦难和困厄之后，困境一定能够拓展我们的眼界，丰富我们的人生阅历。生活中有很多人在身患重病又康复之后，对于人生必然有着独特的感悟，会变得更加豁达。这一点感受，是那些不曾遭遇过死亡威胁的人所不知道的。经历不但是我们人生中最宝贵的财富，也是我们人生中最负责任的老师。因而朋友们，不要因为曾经的困厄和失败感到沮丧，只要你鼓起勇气向前看，奔向前方，你就会发现自己未来的道路还很长。当你终于闯关成功，回过头来淡定平和地回忆往事时，又会发现一切都值得回味，而淡然面对曾经的你也是那么地勇敢坚强，富有独特的魅力。正如古人所说的，天将降大任于斯人也，必先苦其心志，劳其筋骨，饿其体肤。就当是天将降大任给我们吧，朋友们，我们要勇敢地承担起一切的磨砺。

保尔·柯察金从小家境贫寒，失去父亲，只靠着母亲给人洗衣服，勉强维持生计。上学的时候，他因为憎恶神父，因而把灰尘撒在复活节的蛋糕上，最终被学校开除。后来，母亲把只有十二岁的保尔送到车站食堂打零工，他总是被欺负，从此产生了憎恶有钱人的阶级感情。“十月革命”爆发后，保尔的家乡谢佩托夫卡镇得以解放，保尔在老布什维克朱赫来的影响下，形成了革命意识。有一次，他为了解救朱赫来，被抓入监狱。后来，他辗转反侧，吃足了苦头，才加入了红军的队伍。

保尔先后当过侦察兵、骑兵，在战场上奋勇杀敌，对于任何邪恶势力都绝不低头。他还非常喜欢读书，不但自己用功读书，还会把读过的好作品讲给战友们听。在一次与敌人的殊死搏斗中，他的头部被子弹击中，身受重伤。康复之后，他留下了严重的后遗症，无法继续浴血沙场，因而开始积极投身于建设祖国的工作。他参加了修建铁路的工作，忍受着艰苦的生活，不慎得了伤寒，并发肺炎。无奈，他只好接受组织的安排，回到家乡治病。曾经，他的病一度很严重，然而他以顽强的意志力战胜死神，再次投身到工作之中。保尔成为了一名光荣的共产党员，但是因为长期艰苦的劳作，生活环境恶劣，保尔的身体状况越来越差，不得不在组织的安排下住院接受治疗。

在此期间，保尔认识了达雅。他一边教导达雅进步，一边努力写作。1927年，此时的保尔彻底瘫痪，双目失明，只能每天都躺在床上。对于这样残酷的命运，保尔曾经想要自杀，最终却拿起笔，开始艰难的写作。然而，他花费半年时间写成的文稿丢失了。他不得不请人代笔，再次开始写作。在妻子和母亲的支持下，保尔最终完成了自己的小说，以笔为枪开始了人生新的战斗。

保尔无疑经历了重重的艰难坎坷的境遇，命运对他堪称残酷，但是他从未放弃努力。正因为如此顽强不屈的精神，他才能在人生中最艰难的处境下，以生命完成自己的作品。假如保尔早早地就放弃努力，那么他无论如何

也无法取得后来的成就。只有战胜一切，他才能平静坦然地面对生活，才能更加积极主动地改变自己的命运。也许此时的他在回忆曾经的困厄时非常冷静，却给予其他人莫大的震撼和感动。

每个人在呱呱坠地时，都是非常稚嫩的。正是因为在人生路上一步一步不停地朝前走，人们才能战胜磨难，最终取得长足的进步，也越来越成熟、理智。任何时候，我们都不应该向困难低头，因为它恰恰是我们进步过程中踩踏的阶梯，能够帮助我们一级一级拾级而上，最终到达成功的巅峰。

第14章

职场打拼必修课，打造让人欣赏的职场口才

§

现代社会，人在职场，只具备专业技能方面的能力还是不够的，更重要的是，还要有良好的口才，这样才能在同事之间吃得开，才能与领导搞好关系，得到晋升、提拔。从另一个角度而言，如今可以闭门造车的工作少之又少，现在的大部分工作或者要与客户打交道，或者要与同事搞合作，总而言之人际沟通少不了。在这种情况下，要想在职场上出人头地，我们就必须拥有让人瞩目的职场口才，这样才能如愿以偿地实现自己的职业梦想，也才能在职场上如鱼得水，纵横驰骋！

§

游刃职场，不得不具备好口才

只要是职场人士，都无法独自面对工作，我们或者要与客户打交道，或者要与同事之间搞好关系精诚合作，总而言之，每个人就算只需要做好自己的分内事情，也必须与上司不断地协调沟通。由此可见，每一个职场人士都离不开与人交流，要想让自己的职业生涯更加顺遂如意，我们只有具备好口才，才能在人际关系复杂的职场上游刃有余。毋庸置疑，同事关系是非常微妙的，既不像闺蜜或者铁哥们那样可以无所顾忌地交流，也不像是普通朋友那样可以没有交集。在每一个工作日，同事们总要在一起相处，同时因为工作的关系精诚合作，还时常因为工作的关系产生利益上的纷争。要想处理好同事关系，就必须掌握好一种微妙的平衡。同时因为人们总是借助于语言进行交流，所以职场人士只有具备好口才，才能拥有好人缘，也使得自己的工作开展得更顺利。

作为英国首相撒切尔夫人的左膀右臂，安妮思曾经是撒切尔夫人的内阁成员。1990年，撒切尔夫人结束任期，梅杰出任新一届首相，依然对安妮思非常器重。正因为他如此合理的安排，才使得新内阁政策得以顺利实施，此间安妮思功不可没。

有一次，梅杰在安妮思的陪同下视察工作，有个保守党的成员突然毫无征兆地带着挑衅的意味问安妮思："曾经，你是撒切尔夫人的内阁成员，现在，你又成为梅杰的内阁成员，对你而言，他们俩最大的不同在哪里？"

从政治的角度而言，这个问题是非常敏感的，不管说谁更优秀，都必然得罪另一个人，还有可能被好事者作为一个新话题，使其充斥政坛。为此，安妮思经过慎重思考，一本正经地说：“梅杰和撒切尔夫人之间的确有着天壤之别。”提问者一看安妮思居然如此大胆地回答这个，深感安妮思也许会因为口无遮拦而犯下难以饶恕的错误，因而赶紧趁胜追击，继续追问：“区别到底在哪里呢？”这时，安妮思笑着说：“撒切尔夫人是女人，梅杰是男人。”

安妮思对于这个敏感的政治问题的回答，简直无懈可击。这个回答非常机智，也很幽默，彻底地堵住了保守党成员的嘴巴。假如不是这么回答，假如安妮思的回答偏向撒切尔夫人，则必然得罪现任首相梅杰；假如安妮思的回答偏向现任首相梅杰，又对不起曾经提拔和重用她的撒切尔夫人。为此，她避重就轻，从性别的角度作出回答，使人一笑置之，再也无法继续刁难她。

有一次，曾国藩用餐之后和几位幕僚交流，他们谈古论今，说得不亦乐乎。说起今世的英雄，曾国藩说：“李鸿章和彭玉鳞都是不可多得的旷世奇才，我根本比不上他们。”这时候，有个幕僚接口说道：“李公精敏，无人能欺；彭公威猛，无人敢欺……”说到这里，他突然闭口不言，因为不知道如何当面评价曾国藩。为此，曾国藩追问：“我又如何呢？”诸多幕僚全都低头沉思，这时一个负责抄写的年轻人突然张口说道：“曾帅仁德，无人忍欺。”这句话刚刚说完，幕僚们全都鼓掌称赞。曾国藩得到年轻人恰到好处的恭维，心中高兴不已，嘴上却说：“不敢当，不敢当。”等到年轻人离开之后，曾国藩问幕僚们这个年轻人是什么人，有个幕僚告诉他：“这个年轻人是扬州人，读过书，办事认真细心。”为此，曾国藩也夸赞年轻人：“这个年轻人很有才华，一定不能埋没。”后来，曾国藩升官了，就任两江总督，因此特意提拔那个年轻人当扬州的盐运使。

也许很多人辛辛苦苦工作很多年，都抵不上这个年轻人在曾国藩面前的一句话。这句话说得极妙，彻底改变了年轻人的命运，使他被曾国藩记住，因而他才能在曾国藩得到提拔的情况下，跟随曾国藩鸡犬升天。其实，职场上就是如此，辛辛苦苦工作一天、一个月、一年，也有可能根本抵不上对上司说的一句好话。因而朋友们，如果你们想在职场上出人头地，练好口才可是必须的。

朋友们，职场上的关系错综复杂，如果我们不小心被话题陷阱困住，则一定会惹火烧身。其实，面对职场上不同势力之间的争执，明智的人一定会选择中立，因为唯有中立才是最稳妥的选择。只要我们参透职场的说话之道，说好每一句话，就有可能轻而易举地得到晋升和提拔。尤其是在面对上司的时候，我们更应该谨言慎行，把话说到上司的心坎里去。

面试有挑战，巧妙应对得遂所愿

现代社会，再也没有大学毕业包分配这种说法，因而每个大学毕业生在走出校园之后，甚至在大四的实习阶段，就要开始不停地面试。唯有不断努力，最终才能为自己找到一份合适的工作，也为自己的人生掀开新篇章奠定基础。提起面试，很多朋友都心有余悸。的确，每次面试都意味着自己正在找工作，或者需要换一份合适的工作。这对于面临生存压力或者已经习惯了之前工作的朋友们而言，无疑是一种挑战。

各个用人单位考核的形式多种多样，除了笔试之外，最重要的就是面试。所谓面试，顾名思义，就是面对面地交流，与主考官进行问答。当你对主考官提出的一切问题都对答如流时，你的面试也就十有八九能够成功。由此不难看出，要想获得面试的成功，好口才是关键。试想，假如你面对主

考官的提问时磕磕巴巴、连一句话都说不完整，又怎么可能赢得主考官的认可和赏识呢！当我们成为说话的高手，只要寥寥数语就能打开主考官的心扉时，则我们的面试一定一帆风顺，马到成功。

张单刚刚大学毕业，正和大多数同学一样四处奔波找工作。一个偶然的机会，他得知有家知名企业正在招聘会计，尽管自己对成功的把握不大，他还是鼓起勇气决定试一试。果不其然，在初次面试中，他就因为毕业院校并非211，而遭到拒绝。对此，他言辞恳切地请求面试官给他一个机会参加笔试。他说："尊敬的领导，我毕业的院校的确名不见经传，但是我真的非常热爱财务工作。我从小就对数字很敏感，请您一定给我一个机会参加笔试，只是多用一张试卷而已，请您答应我的请求吧。如果笔试成绩不好，我绝不纠缠，马上离开。"

看到张单诚恳的模样，主考官只得答应了他的请求。出乎主考官的意料，张单的笔试完成得非常好，远远超过那些名牌大学的毕业生。为此，主考官不等张单再次恳请，就主动把他列入参加复试的名单。复试是由总经理主持的，总经理开门见山地问张单："假如公司派你去山西采购十台机器，你应该带多少钱？"张单进行片刻思考之后，斩钉截铁地说："我要带181544元。"总经理听到如此精确的数字，不由得感到诧异，问："你是如何得出这个数字的呢？"张单毫不迟疑地回答："一台机器1.8万，十台就是18万。我从这里去火车站，往返是8元钱。去山西的高铁车票是648元，往返1296元。到了山西之后还要再坐长途汽车，往返90元。我计划在那里逗留三天，每天50元生活费，就是150元。总计181544元。我可以住在对方工厂的宿舍里，因而没有住宿费用。假如需要请对方负责人吃饭，我就再多带两千元，作为机动资金。"听完张单的回答，总经理不由得会心一笑，他拿起张单的简历放在自己的文件夹里，说："好吧，请你明天早晨八点钟准时来到公司报道。"

在这个事例中，张单之所以能够得到总经理的认可，是因为他不但会算账，还很懂得节约。正是因为这个问题回答得好，他才能如愿以偿地得到这份工作。其实，对于财务人员而言，胆大心细、勤俭节约，是最重要的。当然，假如你的专业不是财务，而是其他的，那么你就要根据自己的专业特点，更加贴切地回答主考官的提问。

总体而言，在回答主考官提问的过程中，我们一定要坚持几个原则。首先，回答问题的时候切勿含糊其词，而要清晰准确。如果对于问题早已胸有成竹，那就毫不迟疑地回答。如果需要思考，也切勿慌张，而应在经过慎重思考之后，再条理清晰地回答问题。其次，现在的职场上，有很多主考官习惯提出类似于脑筋急转弯的问题。每当这时，千万不要慌张，而要让自己的思路更加灵活一些，有的时候也可以采取机智幽默的语言灵活应对。再次，所谓说出去的话，泼出去的水，千万不要因为一时着急就仓促地、口不择言地回答主考官的问题。想好了再说，远比说完了后悔来得更加稳妥。这就要求我们必须沉着冷静，切勿慌里慌张。最后，在面试过程中，我们交谈的对象是主考官，因而千万不要对主考官视若无睹。对于我们的一切回答，大多数主考官都会给出即时的反应，在这种情况下，我们必须根据主考官的即时反应调整回答的思路，甚至重新组织语言。唯有与时俱进，我们才能在面试中有更好的表现，才能使面试获得成功。

毋庸置疑，在面试的过程中，语言占据着主要地位。聪明的面试者，往往仅凭几句话就能吸引主考官的注意，得到主考官的认可和赏识。相反，有些面试者一张口，就已经被主考官否定，接下来再怎么努力表现也都是徒劳无功的。由此可见，先以语言取胜对于面试的成功至关重要。

如何巧言向上司展示自己的才能

一个学生不管平日里的学习表现多么好，一旦在考试中失利，就得不到分数的认可，在如今的高考制度下，他必然会与很多好大学失之交臂。同样的道理，茶壶里煮饺子，就算煮再多的饺子，因为倒不出来，所以只能沤烂在肚子里，白白浪费美味的饺子。在职场上，一个人即使能力再强，假如始终无法将自己的能力向上司展示出来，更得不到上司的认可和赏识，那么也终将默默无闻，与晋升绝缘。由此可见，人在职场，要想职业发展一帆风顺，学会向上司展示自己的才能至关重要。

唯有向上司展示我们的才能，我们才能成功地吸引上司的注意力，从而进入上司的视线。只有这样，我们才能得到上司的重用，获得发展的机会。否则，假如上司始终不知道公司里有你这样的人才，又如何成就你呢！当然，现代社会人才济济，大学生遍地都是，已经不缺人才了。因而，人才与人才之间的较量，更多地表现在口才上。如果说得口才者得一切，也许有些过分，但是如果拥有很高的能力却缺乏口才，以致始终默默无闻，则更加使人遗憾。那么，到底如何向上司展示自己的才能呢？就看你是否能言善辩啦！

战国时期，秦军在长平打败了赵军，秦军的主将白起率领大军乘胜追击，把赵国的都城邯郸如同箍桶般团团围困住。眼看着赵国危在旦夕，赵王心急如焚，特意派出平原君赵胜向楚国求援，请求楚国发兵援赵。

平原君深知这次游说关系到赵国的国运，因为他非常重视，特意在临行前召集所有门客，想从中挑选二十个精明强干之人一起前往楚国。然而，他精挑细选之后，只选出了十九个人，还剩下一个名额，怎么也找不到合适的人选。这时，门客中有个叫毛遂的人主动请缨，对平原君说：“我听说先生要去楚国请求援助，和楚国订立‘合纵’的盟约。既然先生只找到十九个

人，不如以我凑够二十个人。请先生允许我随同一起前往楚国。”平原君思来想去，觉得自己从未听说过这个叫毛遂的人，因而问：“先生是什么时候投奔到我的门下的？”毛遂回答：“三年前。”平原君不以为然地说：“真正有才华的人，就像是尖锐的钉子放在口袋中一样，很快就要把自己的尖从口袋里钻出来。如今，先生已经投奔到我的门下三年了，但是我从未听说过你的名字，更不曾听到有人在我面前赞扬你，这是为什么呢？”毛遂知道平原君的意思，因而说：“如果我早点儿想进入口袋里，也许早就崭露头角了。只不过我今日才愿意进入口袋而已，所以我接下来一定会锋芒毕露。”最终，平原君允许毛遂一起前往楚国，另外的十九个门客都对毛遂嗤之以鼻。

到了楚国之后，楚王只允许平原君上殿，所有门客都在殿门口候着。平原君单枪匹马拜见楚王，从日出谈到日中，始终毫无结果。这时，其他门客全都急得如同热锅上的蚂蚁一样，却无计可施，只见毛遂大步流星走到大殿上，一边走一边喊道：“出兵的事非常简单，聪明人一看就明白，为何谈论了这么长时间都没有结果？”楚王看到毛遂居然擅自上殿，非常生气，因而怒喝毛遂，让其赶紧离开。不想，毛遂对楚王的话根本不以为然，他不但没有退下，反而以手按剑，更加靠近楚王，说：“现在在十步之内，大王的性命我说了算！”楚王看到毛遂无所顾忌的样子，有所忌惮，因而准许毛遂发言，毛遂井井有条地分析了出兵的道理，楚王不由得心悦诚服。就这样，楚王很痛快地与平原君签订了“盟约”，没过几天就与赵国联合出兵，最终逼迫秦国退兵，解了赵国的围。

平原君回到赵国之后，对毛遂刮目相看，将其视为上宾。他感慨万千地说：“毛先生到了楚国，楚王再也不敢小觑赵国。”

毛遂自荐的故事是历史上的典故，原本，平原君连毛遂是何许人也都不知道，后来毛遂主动请缨，他又以毛遂到了自己门下三年从未崭露头角为由

表示拒绝。不想，毛遂气定神闲，把道理说得头头是道，最终令平原君准许他一起出使楚国。到了楚国之后，眼看着谈判陷入僵局，其他门客全都无计可施，只有毛遂无所畏惧，仗剑逼迫楚王当机立断作出决策。最终，楚王同意签订盟约，赵国也由危转安。从此，毛遂被平原君待为座上客。

假如不是毛遂主动要求跟随去楚国，也许他会继续在平原君门下待上许多年，也依然默默无闻。很多时候，我们的确要像钉子一样钻破口袋，才能得到上司的关注，才能有机会展示自己的才能，得到更好的发展。现代职场，也是同样的道理，每一个想要在职场获得发展的人，不但要努力工作，更要会向上司展示自己的才能。要知道，当我们为自己得不到重用而郁郁寡欢时，上司说不定也正在为寻觅不到良才而苦恼呢！虽说千里马常有，伯乐不常有，但是作为人才，我们一定要比千里马更为积极主动，寻找属于自己的伯乐！

汇报工作很重要，必须掌握语言技巧

人在职场，每个人与同事之间的交集也许很少，但是任何人都必须要学会向上司汇报工作。因为除了自己当老板之外，每个职场人士都必须向上司交差，有的时候，一天辛苦努力的工作，也比不上用心汇报工作带来的效果更好。所谓汇报工作，除了相对正式的书面汇报之外，大多数都是以口头表达的形式进行。因而，作为职场人士，我们必须练就好口才，并掌握一定的技巧，才能成功地完成工作汇报。

有些人误以为工作能力才是最重要的，才是我们立足职场的根本，其实这种观点完全错误。首先，现代职场不再需要个人英雄主义，因而每个人都是职场上的一颗螺丝钉，都需要与他人精诚合作才能完成工作任务。其次，

现代职场也不需要埋头苦干的老黄牛，如果没有及时地沟通，上下级之间很容易因为误解导致效率低下，做出很多无用功。最后，现代职场上的晋升不仅看专业和能力，更要看一个人融入集体的程度。一根筷子被折断，十根筷子抱成团。唯有把所有人才都紧密团结起来，一家公司才能取得更好的发展，而领导恰恰是所有人中的核心人物。我们必须紧密团结在领导周围，才能更好地完成工作任务。所以，现代职场人士不但要有专业技能和超强的能力，更要有良好的语言表达能力，做到积极主动地向领导汇报工作。

此外，经常向领导汇报工作，也有利于我们的进步。所谓领导，也许有些方面和我们相比并不突出，但是他们一定有着过人之处，例如性格方面占据优势、经验丰富、有胆识有魄力有远见等。在向领导汇报工作的过程中，我们不但可以及时校准工作，也可以得到领导的悉心教导，从而实现快速进步。一个聪明的下属，一定不会躲着领导，而是抓住一切机会亲近领导。当我们与领导之间的交流和谐融洽时，还愁得不到领导的赏识吗？

作为装修建材行业的元老级人物，刘伟在公司里俨然是个经验丰富的老员工。有一次，他奉经理之命去一个客户的工地上进行考察，回来后才休息了一会儿，就去向经理汇报工作。

经理着急地问："情况如何？"刘伟很了解经理，他知道经理是个火爆脾气，如果一下子听到不好的消息，也许会像个炮仗一样炸起来的，甚至还会迁怒于他。因此刘伟认真地思考着，装作很为难的样子，从而让经理自己猜到情况不容乐观，这样也就有了心理准备。果不其然，经理又问："是不是情况不太好？有办法应对吗？"这时，刘伟感到时机成熟，为了打消经理的顾虑，他赶紧斩钉截铁地说："有！"

听到刘伟满怀信心的回答，经理虽然至今依然不知道情况到底如何，却露出了满意的笑容，说："那快说说吧，到底怎么干！"这时，刘伟才不慌不忙地向经理汇报了这个客户的情况："通过这次考察，虽然确定了这个客

户不再使用我们的产品，但是我也是有收获的，即知道了我们被客户淘汰的原因。这样一来，我基本上也就知道了下一步应该怎么办。”

经理疑惑地问：“我们和这个客户合作那么久，他为什么突然变化呢？”刘伟说：“那个客户之所以选择新的供货商，主要原因是觉得与那家供货商离得更近，而且那家供货商提供送货上门的服务。从产品本身来讲，我们的产品不管是质量还是价格，都比小厂的占有优势，我认为，只要我们也把送货上门的服务搞起来，就一定能够扭转局面，反败为赢。毕竟，我们有很多客户都在距离那个客户不远的地方，如果这个客户现在反馈的送货问题得不到解决，只怕未来还会损失更多的客户。”

经理连连点头，说：“有道理，继续说下去！”刘伟说：“我在来之前也打听了关于货车的租用价格，我觉得咱们前期可以租用火车，等到与客户的合作关系稳定之后，甚至可以成立自己的送货车队，这样无疑是更有保障的。”经理对刘伟鞭辟入里的分析连声叫好，当即把这个项目交给刘伟负责。没过多久，刘伟就被提拔为副经理，成为了经理的左膀右臂。

假如刘伟刚刚见到经理就把客户终止合作的坏消息说出来，那么经理必然火冒三丈，接下来根本无法听他继续讲述。为此，刘伟特意卖了个关子，让经理自己意识到也许情况不妙，心理上有了准备之后，也就不会冲动了。接下来，刘伟再说出自己的分析和解决方法，这样一来，经理虽然面对一个难题，却也得到了解决的办法，因而心情大好，非常欣赏刘伟。也因此，刘伟得到了经理的赏识，晋升为副经理。不得不说，这都是善于汇报工作的功劳啊！

朋友们，善于汇报工作的人总是能够得到上司的赏识，不善于汇报工作的人则往往被上司指责和批评，甚至成为上司的出气筒。作为下属，我们一定要掌握汇报工作的技巧，帮助自己赢得上司的认可，这样我们职业生涯的发展才会更加顺利！

升职加薪人人所望，巧妙说出才能成功

人在职场，虽说是为了所谓的理想、事业、梦想、志向等，但是那些都是形而上的东西，人们在职场上不停地奋斗打拼，最根本的目的还是获得生活必不可少的支撑——金钱。虽然金钱不是万能的，但是没有钱是万万不能的。虽然我们最终的目的是实现梦想，但是在真正实现梦想以前，我们必须柴米油盐、衣食住行地活着。因而，即便我们的梦想非常远大，也很高尚，也无法改变我们必须先生存下来的残酷现实。为此，每一个在职场上摸爬滚打的人，面对的首要问题就是升职加薪。是的，每个人都渴望着升职加薪，实现自己的价值，也兑现自己的价值，让自己的付出得到相应的回报，让自己的生活质量得到提高，让自己的生活层次不断上升，这才是王道。

自古以来，很多人都不好意思直接谈“钱”。然而，钱的确是我们生活的必需品，尤其是在大城市里生活，每走一步每喝一口水每吃一口饭，都离不开钱的支撑。既然如此，我们完全可以光明正大地谈钱，也可以理直气壮地维护自己的权益，争取自己该得的利益。当摆正姿态之后，我们会发现钱并非万恶之源，只要对钱善加利用，钱可以为我们创造美好的生活。因此，战场上的朋友们，再也不要因为钱觉得为难了。面对老板，你们是有权利提出升职加薪的愿望的。当然，为了不伤害感情，你们必须采取合适的方式，这样才能更好地维护与老板的良好关系，才能大大增加你们的愿望得以实现的概率。

孙成在一家二手房销售公司的行政部门工作，每天面对着枯燥的表格和文档，生性活泼好动的他非常郁闷，再加上行政部门都是死工资，没有提成，所以他的薪水也少得可怜。思来想去，孙成决定要求升职加薪，当然，既然自己眼下的工作毫无出色之处，他也就不能直截了当地要求加薪，只能

换种方式迂回前进了。

一个周五的上午，孙成看到总经理在办公室里很长时间都没出来，也没有人进入总经理办公室，因而打定主意去见总经理。他对总经理说：“经理，我有点事情需要征求您的意见。”总经理问：“什么事情？你说吧。”孙成有些为难地说：“最近我与女朋友准备结婚了，也开始准备买房。因而，我突然意识到经济太紧张了，不但缺首付，就连月供，以我现在的薪水，还着也很费劲。所以，我想申请调动到销售部门，这样一来除了底薪，还有提成，薪水一定能够更高一些，经济压力也能得到缓解。”

总经理听到孙成的想法，为难地说：“但是，你一直都在行政部门，一下子转行做销售，能适应吗？”孙成说：“我可以的。虽然我大学的时候主修中文，但是对于销售也很感兴趣。况且我还年轻，以后可以继续学习。不然，等到结婚生子之后，开销越来越大，我很难养家糊口啊！”听到孙成恳切的话，总经理也深受感动，说：“好吧，既然你这么追求上进，也考虑得很清楚，我就把你的销售级别定到A4级，这样你的底薪就比现在的薪水高出两千块钱，如果你业绩好，还会有更高的提成收入。你可不要让我失望啊！”就这样，孙成通过言辞恳切的话，最终让总经理同意了他的申请，除了提成，还给他涨了两千的底薪呢！

在这个事例中，孙成很有自知之明。他知道自己在当下岗位上并没有独特的贡献，因而也根本没有理由要求总经理给自己升职加薪。所谓条条大路通罗马，正好他也对枯燥乏味的行政工作感到厌倦了，因而主动向总经理提出申请，要求调到更为艰苦也更能够历练人的销售岗位。看到孙成如此有决心，总经理很感动，也愿意留住这样勤奋上进的年轻人，所以主动提出把孙成的销售级别定到A4，这样一来，孙成仅仅是底薪就比现在的薪水高出两千，而且提成也会很高，有何理由不好好继续干下去呢！

朋友们，每个人都要先生存下来，才能谈及更多的发展。在职场上，

我们完全没有必要羞于提到薪资待遇的问题。很多直言不讳的朋友，会进行双向选择，在面试的时候就已经大概了解了公司的薪酬水平。在正式工作之后，当我们的能力越来越强，工作表现越来越好时，当然完全有资格再提升职加薪。总而言之，我们要摆正心态，光明正大地谈钱，也要掌握语言的技巧，以最恰到好处的方式表达自己的诉求，帮助自己争取到最大的利益，同时，也让上司更加欣赏和信任我们。

巧妙指出上司错误，让上司主动改正不恼怒

正如同我们小时候觉得老师无所不知、无所不能一样，我们在最初走入工作岗位时，也难免会对上司产生这样的错觉，觉得上司是神，而不是人，是无所不能的。实际上，上司和我们的小学老师一样，是被懵懂无知的我们想成神的。上司也是人，也会和我们一样犯错误，也和我们一样有很多不懂的地方。在这种情况下，我们不要因为上司犯了一点点错误就大惊小怪，更不要直言不讳地指出上司的错误，毕竟上司在职场上是我们的上级，是很需要维护自己的尊严和面子的。尤其是作为下属，我们不管在什么情况下都要维护上司的面子问题，千万不要伤害上司的自尊。否则，哪怕我们真心诚意、好心好意地为上司指出错误，也有可能使上司恼羞成怒。

同样一句话，换作不同的人说，或者是改变一种方式说，都会产生截然不同的效果。前文我们曾经说过指出别人的错误要点到为止，不要伤害他人自尊，这里我们要说，一定要使用巧妙的方式指出上司的错误，这样才能使上司不愠不恼，主动改正错误。

小张刚刚大学毕业，进入一所农村的中学当语文老师。后来，全县提升中小学的硬件配置水平，因而给乡镇的每一所中小学都配备了电脑房。由于

学校里其他的老师都很老了，有的即将退休，有的也四五十岁了，只有小张还算懂得电脑。为此，校长就让小张兼任电脑课的老师，并且把电脑房也交给小张管理。

随着时间的流逝，转眼之间由冬天到夏天。这时，小张向校长提出："校长，电脑不怕冷，但是怕热，一旦过热，就会死机，还会导致主机板受到损坏。所以，我建议给电脑室配备一台空调，这样电脑比较安全一些。"听到小张的建议，校长不由得哈哈大笑："你这个娃娃说什么呢，电脑是机器，怎么会怕热呢！我看啊，是你觉得热了吧！"校长根本对电脑一窍不通，因而对小张的话不以为然，还嘲笑了小张一番呢！

没过多久，每个学校的校长和电脑房的负责人都被邀请到中心校参观，这时，小张决定趁此机会再给校长普及一下电脑知识。在中心校的负责老师带着他们走进电脑房的一瞬间，小张故作惊讶地问："刘老师，你们的电脑房怎么这么凉快啊，简直就像到了地窖里一样！"刘老师笑着说："电脑房可是我们学校最凉快的地方啦，连校长办公室都不舍得一直开着空调呢，就这些宝贝电脑不能热着。"这时，小张看了一眼校长，又问："电脑为什么怕热呢？如果电脑热到了，会有什么后果啊？"刘老师嗔怪地说："小张啊小张，你可是刚刚毕业的大学生啊，连这点常识都不知道吗？电脑的cpu都有散热的风扇，但是如果外部环境太热，热量根本散布出去，CPU过热的话，可就烧毁了，那这四五千块钱一台的电脑就报废了啊！这个电脑房里四十多台电脑，要是都坏了，谁也担不起责任呢！"这时候，小张用眼光的余光看到，校长满脸通红，羞愧不已。

刚刚回到学校，校长就对小张说："小张，下午就去买个2匹的空调装上吧，我可不敢把那些宝贝电脑热坏了，不然乌纱帽不保啊！"小张会心地笑了。

在这个事例中，校长因为对电脑一无所知，所以对于小张的话根本不相

信。幸好他们有机会去中心校参观，因而小张借助刘老师的口，给校长又科普了一遍电脑知识。尤其是听到严重的后果，校长当然不敢怠慢，赶紧安排小张下午就去买空调，安装到本校的电脑房里。不得不说，小张使用的计谋非常高明，这样一来，他既达到了目的，又没有得罪校长，反而使校长更加相信他所说的话了。

朋友们，上司归根结底是上司，在为上司指出错误的时候，一定要照顾到上司的颜面，切勿伤害上司的自尊。此外，还要多多体谅上司，说话也要注意表达方式。任何时候，职位的高低还是要遵守的，我们一定要给上司留足面子，这样上司在对待我们的时候，才会给予相应的回报。否则，一旦快言快语地得罪上司，只怕将来上司给我们小鞋穿，就哭笑不得了。

参考文献

[1]刘成.一开口就能找对话题[M].哈尔滨：哈尔滨出版社，2015.

[2]王丽.一开口就让人喜欢你[M].北京：企业管理出版社，2014.

[3]马银文.和谁都能交朋友[M].北京：中国工商出版社，2016.

[4]吴帝聪.我一开口，就能说服所有人[M].北京：台海出版社，2015.